오소서, 대자비의 광명이시여

천수관음보살도
천수천안관세음보살은 과거세에 〈신묘장구대다라니〉를 듣고 환희하며 '일체중생을 이익되게 하고 안락하게 하기 위하여 천 개의 손과 천 개의 눈을 갖게 하소서' 라고 발원하여 천수천안이 되었다. 그 무한한 대자비심으로 인하여 특히 대비관음이라고 불린다. 천수관음은 관음신앙이 가장 극대화된 것이다.
돈황출토 | 프랑스 기메 동양미술관 소장

오소서, 대자비의 광명이시여

여의륜관음도
여의보주의 삼매속에 들어 법륜을 굴리며 육도중생을 제도하는 관세음이다. 2개나 6개의 팔을 갖고 있다. 6개의 팔을 갖고 있는 여의륜보살상의 경우 오른쪽 첫째 손은 뺨에 대고 중생구제의 생각에 잠겨있고 둘째 손은 여의보주, 셋째 손은 염주를 잡고 있으며 왼쪽 첫째 손은 앉아 있는 산을 누르고 있고 둘째 손은 연꽃, 셋째 손은 법륜을 갖는 것이 보통이다.
돈황출토 | 프랑스 기메 동양미술관 소장

오소서, 대자비의 광명이시여

빠드마파니
서기 6세기에 아잔타석굴에
그려진 관음보살인
빠드마파니(연화수보살).
이 관음보살은
고구려의 담징이 그렸다는
일본 법륭사 금당벽화와
여러 면에서 비슷하다.
인도 아잔타 석굴

수월관음도
〈대방광불화엄경〉의 입법계품에서
구법여행을 하는 선재동자에게
"나를 생각하거나 내 이름의 부르거나
내 몸을 보는 이의 일체의 두려움을 없애주고
그들이 아뇩다라삼먁삼보리심을 발하게 하여
깨달음의 길에서 영원히 물러서지 않게 한다"고
자신의 보살행을 말해준 관음이다.
보타락가산의 아름다운 배경과
평화로운 모습으로 인해
가장 사랑 받는 관음보살도이다.
고려시대 | 프랑스 기메 동양미술관 소장

인도신화의 세계

비스와루빠
비슈누신은 인도사회와 힌두교와 관계된 모든 내용을
자신 안으로 용해시켜 형상화된 신이다.
그의 태초의 바다와의 관계는 아리안 이전의 드라비다적인 기원이 있으며,
그의 태양과 우주적-민족적 질서는 인도아리안적인 기원을 갖고 있다.
민속신앙과 독립적인 종파에서 숭배하는 신들의 다양한 형상들은
브라흐만적인 비슈누신 속에 용해되거나 비슈누의 화신사상 속에서
독립적인 권화로 존재하게 된다.
거시적으로 보면 비슈누신은 세 가지의 신, 즉 기마전사의 분위기를 풍기는
영웅적인 바쑤데바-끄리슈나와 베다시대의 태양신으로서의 비슈누와
브라흐만 문헌의 우주적인 나라야나의 혼합체란 개념을 갖는다.
그는 또한 북인도의 아리안 왕족이나 호족들이 자신들의 기원으로 삼아
왕족의 영웅으로 추앙하는 신이기도 하다.
이렇듯 이미지의 발전에 따라 그는 베다적인 번개의 신 인드라나
태양신 쑤리야의 많은 성품들을 자신의 성품으로 삼게 되는데
비스와루빠(모든 형태를 갖춘 신)란 이름에 걸맞는 절대신이 되었다..

인도신화의 세계

시바와 비슈누
태양조 가루다가 악의 세력을 날카로운 발톱으로 내리누르고 있다. 오른쪽 날개에는 파괴의 신 시바, 왼쪽 날개에는 유지의 신 비슈누가 있다.
새의 가슴에 그려진 위대한 여신은 우주의 파괴와 유지, 생성에서 우주의 균형을 지키는 의미의 방패와 칼을 들고 있다.

사랑의 신 까마
베다시대엔 현상세계로의 전개를 위한 충동적인 힘인 탐욕을 상징했다. 인도의 에로스요 큐피트인 까마신은 시바와 빠르와띠를 맺어주려고 고행중인 시바신에게 사랑의 화살을 날렸다가 분노한 시바신에 의해 죽임을 당했다. 그후 끄리슈나의 아들로 태어나 영원한 사랑의 신으로 남게 되었다.

시간의 신 깔리
깔리는 생명과 자비를 베푸는 어머니이다. 그러나 한편으로는 자기가 낳은 아들마저 죽여버리는 잔인함을 갖고 있다. 이것은 모든 것을 창조하고 파괴하는 시간을 형상화한 신이기 때문이다. 이런 측면에서 죽음의 신인 야마가 깔리의 인격신으로 나타나기도 한다. 시바신이 깔리를 죽인 것은 죽음과 윤회의 고통에서 뭇삶을 구제하는 관세음보살의 대자비로 칭송된다.

비슈누, 관세음의 화현

비슈누신의 화현인 거북이
신들과 악마들이 우유바다를 휘저어 불사의 감로수를 만들어내는 장면이다. 비슈누신은 거북으로 화현해서 만다라 산을 떠받치고 있다. 그 산 위에 인간 형상으로 앉아있는 것도 비슈누신이다. 밧줄로 사용한 혼돈의 뱀 바쑤끼가 이때 푸른 독을 내뿜었는데 그 푸른 독을 시바신이 한접시에 모아 마셔버렸고, 그래서 목이 푸른 님으로 불리게 되었다.

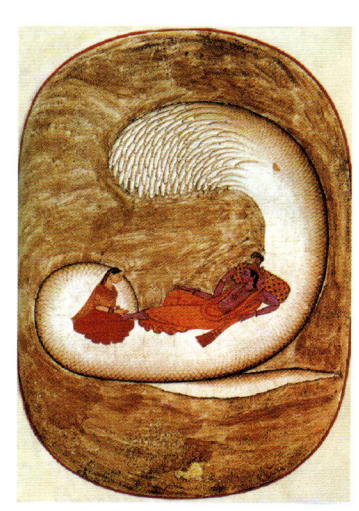

무한뱀 위의 비슈누신과 락슈미신
우유의 바다와 천 개의 머리를 가진 무한뱀은 신의 영원한 창조적 에너지를 상징한다.

끄리슈나와 아르쥬나
전투에 참가한 아르쥬나에게 마부로 화현한 크리슈나가 왼쪽 어깨쪽에서 가르침을 전하고 있다. 여러 마리의 말이 끄는 수레를 고삐를 잡아당겨 제어하듯이 신과 합일하기 위해서는 감각적인 욕망을 다스리고 결과를 바라지 말고 의무를 다해야 한다는 것이다.

십일면관세음보살
십일면관음은 최초의 변화관음으로 베다시대에 등장하는
11개의 머리를 가진 루드라신(폭풍의 신)에서 유래되었다.
루드라신은 나중에 시바신의 능력으로 흡수되는데
왼쪽 세 얼굴은 분노의 표정, 정면의 세 얼굴은 자비의 표정,
오른쪽 세 얼굴은 미소의 표정, 뒤의 한 얼굴은 웃으면서
분노하는 표정을 하고 있고, 정면의 얼굴 위에는 화불이 있다.
이것은 시방의 모든 것을 관찰하여 뭇삶을 제도하고자 하는
관세음의 비원을 나타낸 것이다.
특히 이 석굴암 십일면관음상은 천의(天衣)에 영락을 장식한
모습으로 가장 아름답고 자비스러운 모습을 보여준다.

관세음보살/1999/고영을

살아있는 생명이거나 어떤 것이나
동물이거나 식물이거나 남김없이
길다랗거나 커다란 것이나
중간이거나 짧거나 미세하거나 거칠거나

보이는 것이나 보이지 않는 것이나
멀리 살거나 가까이 살거나
이미 생겨난 것이나 생길 것이거나
모든 님들은 행복하여지이다.

서로를 속이지 않고 헐뜯지도 말지니
어디서든지 누구든지
분노때문이든 증오때문이든
서로에게 고통을 바라지 않나이다.

마치 어머니가 하나뿐인 아들을
목숨 바쳐 구하듯이
이와 같이 모든 님들 위하여
자애로운 무량한 마음을 닦게 하여지이다.

또한 일체의 세계에 대하여
높은 곳으로 깊은 곳으로 넓은 곳으로
장애없이 원한없이 적의없이
자애로운 무량한 마음을 닦게 하여지이다.

서 있거나 가거나 앉아 있거나
누워있거나 깨어 있거나
자애의 마음을 굳게 새길지니
이것이야말로 참으로 청정한 삶이옵니다.

삿된 견해에 의존하지 않고 계행을 갖추고
통찰하여 보는 법을 갖추어
감각적 욕망을 다스리면
결코 다시 윤회에 들지 않을 것이옵니다.

- 〈자비경〉에서

앙코르 문명의 세계

캄보디아 민속촌의 거대한 와불1

캄보디아 민속촌의 거대한 와불2

앙코르 문명의 세계

앙코르와트의 회랑과 수호신 나가(용왕)

수상궁전과 같은 앙코르와트의 전경

앙코르 문명의 세계

비슈누신의 화신으로 16개의 일산을 쓰고 왕좌에 앉아 있는 쑤리야바르만2세 / 앙코르와트 제3화랑 남면서쪽날개

비슈누의 화신 쑤리야바르만2세의 군대행렬 / 앙코르와트 제3화랑 남면서쪽날개

앙코르 문명의 세계

앙코르와트의 제2회랑에서본 중앙신전 / 앙코르와트

앙코르 문명의 세계

천상세계 / 앙코르와트 제3회랑 남면동쪽날개

천지창조의 신화 우유바다의 젓기 라마야나 이야기
/ 앙코르와트 제3회랑 동면남쪽날개

앙코르 문명의 세계

가루다를 타고 싸우는 비슈누신
하리방싸의 이야기 / 앙코르와트 제3화랑 동면북쪽날개

지옥세계 / 앙코르와트 제3회랑 남면동쪽날개

앙코르 문명의 세계

랑카 전투에서 가루다의 등에서 활을 쏘는 라마왕자. 라마야나의 이야기
/ 앙코르와트 제3화랑 서면북쪽날개

꾸르끄셰뜨라의 전투 장면 마하바라타이야기
/ 앙코르와트 사원 제3화랑 서면남쪽날개

앙코르 문명의 세계

악마의 왕인 발린의 아들 바나(24개의 팔을 지님)와 크리슈나의 전투
하리방싸 이야기 / 앙코르와트 제3회랑 북면동쪽날개

비슈누의 화신 쑤리야바르만2세의 군사행진/ 앙코르와트 남면서쪽날개

앙코르 문명의 세계

앙코르의 영원한 미소 관세음보살상들 / 앙코르 톰

앙코르 톰의 일부

앙코르 문명의 세계

영원한 앙코르의 미소 관세음보살 / 앙코르 톰

태양에 반사된 앙코르의 미소 / 앙코르 톰

앙코르 문명의 세계

앙코르 톰의 곳곳에 새겨진 하늘여인 데비따 / 앙코르 톰

앙코르 문명의 세계

마주 보고 있는 앙코르의 미소 관세음보살 / 앙코르 톰

앙코르 문명의 세계

관세음보살의 화신이자 붓다라자였던 자야바르만 7세 / 앙코르 톰

앙코르 문명의 세계

앙코르와트 곳곳에 새겨진 하늘여인 데바따 / 앙코르와트

앙코르 문명의 세계

앙코르와트 사원의 문양과 사원을 장식하는 요정 압사라 / 앙코르와트

앙코르 문명의 세계

유구한 역사를 간직한 폐허속의 앙코르 / 따 쁘롬 사원

지혜와 자비의 빛

천수다라니와 앙코르와트의 비밀

- 신묘장구대다라니 -

인도신화와 초기불교에 의한 해설서

ॐ सत्यमेव जयते ॐ

退玄 全在星

철학박사. 서울대학교를 졸업했고,
한국대학생불교연합회 13년차 회장을 역임했다.
동국대학교 인도철학과 석·박사과정을 수료했고,
독일 본대학에서 인도학 및 티베트학을 연구했으며,
독일 본대학과 쾰른 동아시아 박물관 강사,
동국대 강사, 중앙승가대학 교수, 경전연구소 상임연구원,
한국불교대학(스리랑카 빠알리불교대학 분교)교수,
충남대 강사, 가산불교문화원 객원교수를 역임했고,
현재 한국빠알리성전협회 회장을 역임하고 있다.
저서에는 〈거지성자(선재, 안그라픽스)〉, 〈빠알리어사전〉
〈티베트어사전〉 〈범어문법학〉 〈초기불교의 연기사상〉
역주서로는 〈금강경-번개처럼 자르는 지혜의 완성〉
〈붓다의 가르침과 팔정도〉 〈쌍윳따니까야 전집〉
〈오늘 부처님께 묻는다면〉 〈맛지마니까야〉 〈명상수행의 바다〉
〈디가니까야 전집〉 〈신들과 인간의 스승〉
〈앙굿따라니까야 전집〉 〈생활 속의 명상수행〉
〈법구경-담마파다〉 〈숫타니파타〉 〈우다나-감흥어린 싯구〉
〈이띠붓따까-여시어경〉 〈예경지송-쿳다까빠타〉
〈테라가타-장로게경〉 〈테리가타-장로니게경〉
〈마하박가-율장대품〉 〈쭐라박가-율장 소품〉 〈빅쿠비방가-율장비구계〉
〈빅쿠니비방가-율장비구니계〉(이상, 한국빠알리 성전협회)
그리고 역서로 〈인도사회와 신불교〉(일역, 한길사)가 있다.
주요논문으로 〈初期佛敎의 緣起性 硏究〉 〈中論歸敬偈無畏疏硏究〉
〈學問梵語의 硏究〉 〈梵巴藏音聲論〉 등 다수가 있다.

천수다라니와 앙코르와트

by Jae-Seong Cheon
Published and Distributed by
Korea Pali Text Society ⓒ 2017

우리말 범문다라니

신묘장구다라니 역해와 천수경

천수다라니와 앙코르와트

अवलोकितेश्वरधारणि

앙코르와트 유적의 종교철학적 이해

전재성 저

한국빠알리성전협회
Korea Pali Text Society

천수다라니와 앙코르와트의 비밀

값 16,000 원

발행일 2017년 4월 15일 초 판
　　　(천수다라니와 붓다의 가르침 2003의 개보판)
발행인 도 법
저　자 전재성
편집인 수지행
발행처 한국빠알리성전협회
1999년5월31일(신고번호:제318-1999-000052호)
우) 03728 서울 서대문구 모래내로430. #102-102
전화 02-2631-1381, 070-7767-8437 팩스. 02-2219-3748
전자우편 kptsoc@kptsoc.org
홈페이지 www.kptsoc.org
Korea Pali Text Society
Moraenaero 430. #102-102, Sudaemunku.
Seoul 03728 Korea
TEL 82-2-2631-1381 FAX 82-2-2219-3748
전자우편 kptsoc@kptsoc.org
홈페이지 www.kptsoc.org

ⓒ Cheon, Jae Seong., 2016, *Printed in Korea*
ISBN 978-89-8996-695-1 04220

　　・이 책은 출판저작권법의 보호를 받고 있습니다.
　　　　・무단 게제 및 복제를 금합니다.

천수다라니와 앙코르와트의 비밀

이 책은 본회발행의
초기불교경전의
중요성을 알리기 위해
저술한 것입니다.

ॐ सत्यमेव जयते ॐ

머 리 말

　불교 경전 가운데 조석의 예불에 사용되며 일반에 가장 잘 알려진 경전이 『천수경(千手經)』이다. 『천수경』은 우리 나라에만 고유한, 종교적으로 가장 높고 미묘한 참회와 발원의 경전이다.
　이러한 『천수경』의 핵심이 되는 것은 바로 범어로 전해져 내려온 가장 오랜 역사를 가진 『신묘장구대다라니(神妙長句大陀羅尼)』이다. 보통 『천수다라니』로 부르는 이 다라니야말로 『천수경』을 기적의 경전으로 만든 핵심적인 내용이다.
　『신묘장구대다라니』는 유구한 역사의 방대한 인도서사시에 나타난 힌두신화와 불교철학을 불과 150여 단어로 종합하고 있다는 측면에서 문화사적으로 가장 위대한 다라니이다. 이 다라니의 세계는 놀랍게도 실제로 문화사적으로 구현되었으니, 그것이 바로 인류역사상 가장 불가사의하고 장엄한 앙코르와트 사원이다. 이제까지 어떠한 역사학자도 힌두문화와 불교문화의 종합이자, 세계삼대 불교사원 중 하나이자 세계칠대 불가사의 가운데 하나인 앙코르와트의 신비에 대하여 『신묘장구대다라니』를 주목하지 않았다. 그러나 앙코르와트 신비의 열쇠는 이 『천수다라니』가 없이는 풀리지 않는다.
　비록 『천수다라니』와 앙코르와트 사원의 힌두신화에서 나온 상징적인 내용과 표현들이 우리 불자들에게는 낯설겠지만 그 의미를 올바로 이해하고 가슴에 새기면서 지송하다 보면, 탐냄과 분노와 어리석음을 제거하고 지혜와 자비의 빛으로 세상을 살라는 부처님의 가르침을 만나게 될 것이다.

이 『신묘장구대다라니』에서의 관세음성존은 본래부터 깨달은 관음여래이시지만 인도 종교에의 다양한 절대신의 모습으로 화현하여, 윤회하는 현상 세계의 고통을 구제하는 보살로 등장하며, 인도의 모든 신화와 철학을 종합하는 지혜를 지닌 예지자로 나타난다.

우리는 이 작은 책자에서 그러한 관세음보살에 대한 심오한 신화적 접근을 완성할 수는 없을 것이다. 그러나 필자의 인도철학과 힌두신화에 대한 연구를 바탕으로 『신묘장구대다라니』에 대한 개괄적이고 간략한 해설서를 마련해 본 것이다.

본 『신묘장구대다라니』의 범어 복원은 대정신수대장경 밀교부에 있는 당(唐)의 불공역(不空譯)과 가범달마역(伽梵達磨譯)의 『천수천안 관세음보살 광대원만 무애대비심 다라니경(千手千眼觀世音菩薩廣大圓滿無碍大悲心陀羅尼經)』의 다라니 부분을 음사본으로 하고, 당의 금강지(金剛智)의 『다라니주본(陀羅尼呪本)』과 『대신주본(大神呪本)』의 실담문자 음사본을 바탕으로 했다. 그리고 전통적인 한글 천수다라니에 맞도록 그리고 불교적인 사상에 맞도록 필자 나름대로 범어원어를 복원하였기 때문에 다른 판본과 몇몇 문장의 복원과 해석에서 차이가 난다. 그러나 복원본의 문법적 정확성을 기하기 위해 혼성범어 문법에 맞는 표기로 복원하였다.

그리고 우리말 해설을 하는데 있어서는 인도 신화를 고증하여 참고하였다. 인도 신화의 고증과 삽화 편집에는 필자가 번역한 『힌두교의 그림언어』(1994, 동문선 刊)를 참고했다.

이 책자를 만들어지기까지 여러 차례의 계기가 있었다. 1997년 1997년 이바지출판사에서 정의행 법사님의 부탁으로 『신묘장구대다라니』에 대한 간략한 해설서를 냈다가 절판된 이후 2003년 『천수다라니와 붓다의 가르침』이라는 이름으로 대폭 보완하여 출간했다.

그러다가 2008년 최훈동 원장과 앙코르와트를 여행하고 나서 풀리지 않는 앙코르와트의 수수께끼의 열쇠가 바로『천수경』의『신묘장구대다라니』안에 있다고 확신하게 되었다. 그런데 2010년 니르바나 오케스트라 후원회장이었던 오시환 선생이 앙코르와트에 다녀온 뒤로 필자의 저서『천수다라니』를 보고서야 앙코르와트의 비밀이 풀렸다고 토로하면서 기뻐했다.

『천수경』은 조석으로 외우는 예불경전이다. 그 속의 250여 단어에 불과한『신묘장구대다라니』에 인류문명사의 최대의 수수께끼를 풀 수 있는 열쇠가 있다.『신묘장구대다라니』에 대해서는 아직까지 어떠한 고고학자나 역사학자도 인류문명사와 관련해서 전세계적으로 천착되거나 연구된 적이 없다.『신묘장구대다라니』는 조석예불로서 한국의 불자들에게만 알려져 있기 때문이다.

필자는 이제 2013년 SBS의 이명길 부장과 함께 앙코르와트의 여행을 떠나 사진을 촬영하고 자료를 모았다.『천수다라니와 붓다의 가르침』에 10년 만에 앙코르와트의 신화를 첨가하여『천수다라니와 앙코르와트』로 개작하여 그 신비를 풀 열쇠를 독자들에게 쥐어주려고 한다. 그 동안 초기불교의 경전들을 번역하는데 혼신의 힘을 기울였기 때문에, 천수경과 앙코르와트에 대한 심도있는 연구는 사실상 전혀 하지 못했다. 그것을 학문적으로 고고학적으로 입증하는 것은 미래의 학자들의 손에 달려있다.

2017년 4월 15일
퇴현 전 재 성 합장

천수다라니와 앙코르와트의 신비 차례

머 리 말 ·· 6
참 고 문 헌 ·· 244

제1부 관세음보살과 신묘장구대다라니
1. 관세음보살 신앙의 유래 ·· 14
2. 관음신앙의 소의경전 ·· 15
3. 현재 독송되고 있는 천수경의 성립 ······························· 19
4. 다라니란 무엇인가 ·· 20
5. 신묘장구대다라니의 성립 ··· 22
6. 관세음보살의 지위 ·· 25
7. 관세음보살의 모습 ·· 27
8. 앙코르와트와 관세음보살 ··· 29
9. 다라니의 수지독송 ··· 33

제2부 신묘장구대다라니의 수지독송
1. 현행 신묘장구대다라니의 한문음사 ····························· 36
2. 실담문자 신묘장구대다라니 ··· 38
3. 복원한 신묘장구대다라니 범어원문 ····························· 39
4. 현행 신묘장구대다라니의 교정 ···································· 44

제3부 신묘장구대다라니 해설

1. 나모 라다나 다라야야 ··· 50
2. 나막 알야 바로기제 새바라야 모지사다바야 ················· 53
3. 마하 사다바야 마하 가로니가야 ······································ 59
4. 옴 살바 바예수 다라나 가라야 ······································· 62
5. 다사명 나막 까리다바 ··· 71
6. 이맘 알야 바로기제 새바라 다바 ···································· 72
7. 니라간타 나막 하리나야 마발다이사미 ························· 81
8. 살발타 사다남 수반 아예염 ·· 84
9. 살바 보다남 바바 말아 미수다감 ···································· 91
10. 다냐타 ··· 94
11. 옴 아로게 아로가 마지 로가지가란제 ··························· 95
12. 혜혜 하례 마하 모지사다바 ·· 109
13. 사마라 사마라 하리나야 ·· 115
14. 구로 구로 갈마 사다야 사다야 ······································· 117
15. 도로 도로 미연제 마하 미연제 ······································· 118
16. 다라 다라 다린나례 새바라 ·· 123
17. 자라 자라 마라 미마라 아마라 몰제 ····························· 127
18. 예혜혜 로게새바라 ·· 133

천수다라니와 앙코르와트의 신비 11

19. 라아 미사미 나사야 ……………………………… 135
20. 나베사 미사미 나사야 …………………………… 137
21. 모하 자라 미사미 나사야 ………………………… 140
22. 호로 호로 마라 호로 하례 바나마 나바 ……… 145
23. 사라 사라 시리 시리 소로 소로 못자 못자 모다야 모다야 …… 151
24. 매다리야 니라간타 ……………………………… 155
25. 가마사 날사남 바라하라나야 마낙 사바하 ……… 157
26. 싯다야 사바하 마하 싯다야 사바하 싯다 유예새바라야 사바하 ‥ 160
27. 니라간타야 사바하 ……………………………… 168
28. 바라하 목하 싱하 목카야 사바하 ……………… 172
29. 바나마 하따야 사바하 …………………………… 176
30. 자가라 욕다야 사바하 …………………………… 178
31. 상카 섭나녜 모다나야 사바하 …………………… 185
32. 마하 라구타 다라야 사바하 ……………………… 188
33. 바마 사간타 이사 시체다 가릿나 이나야 사바하 ……… 190
34. 마가라 잘마 이바사나야 사바하 ………………… 196
35. 나모 라다나 다라야야 …………………………… 199
36. 나막 알야 바로기제 새바라야 사바하 ………… 199
37. 옴 씨따안뚜 ………………………………………… 200

38. 만뜨라 빠다야 쓰와하 ·· 200
덧붙이는 말 ·· 201
부　록
　1. 천수경에 나오는 진언의 범문 해석 ·························· 204
　2. 천수관음과 천수다라니 영험담 ································ 209
　　1) 경흥국사의 질병을 치료하신 관세음 ···················· 210
　　2) 눈을 뜨게 해준 관세음 ··· 211
　　3) 아이를 보호해준 중생사의 관음보살 ···················· 212
　　4) 효성에 감복한 관세음보살 ··································· 213
　　5) 천수다라니와 수월 스님의 방광 ···························· 215
　　6) 천수다라니 지송으로 수행을 시작한 용성스님 ······· 217
　　7) 천수다라니를 지송하여 난치병이 나은 군인 ·········· 220
　　8) 귀신도 무서워하는 천수다라니 ····························· 220
　　9) 물을 약수로 변화시키는 진언 ······························· 221
　　10) 천수다라니의 위력으로 위장병이 나은 스님 ········ 222
　　11) 자식 없는 사람이 자식을 셋이나 얻은 사연 ········· 222
　　12) 관세음보살의 자비로 일어선 앉은뱅이 ················ 223
　3. 千手經 (천수경) ·· 225
　참고문헌 ·· 244

제 1 부
관세음보살과 신묘장구 대다라니

1. 관세음보살 신앙의 유래

관세음은 북방의 대승 불교나 인도·티베트의 금강승 불교에서도 가장 중요한 신앙의 대상이다. 화엄경 입법계품에 보면 선재동자가 문수보살의 안내로 오십 삼 명의 선지식을 찾아나설 때에 남천축국의 보타락가산(寶陀洛迦山)에서 관세음보살을 친견한다. 이 보타락가란 이름은 티베트에서 달라이라마의 궁전 이름인 포탈라 궁과 같은 이름이다. 티베트에서 달라이라마는 짼래직의 화신, 즉 관세음보살의 화신으로 알려져 있다. 한편 밀교는 동남아에도 전해져서 자바의 보로부두르 사원에도 화엄십지의 세계와 선재동자의 구도기가 기술되어 있고, 앙코르와트 사원에서는 관세음보살이 비슈누신과 시바신으로 화현함으로써 대승불교에서의 관세음신앙은 그 절정에 이른다.

역사적으로 대승경전이 성립되기 시작한 것이 기원전 1세기 경부터 기원 후 4세기에 걸쳐 형성된 것으로 본다면 관세음 신앙은 비교적 대승초기에 생겨난 것이라고 볼 수 있다. 그리고 관세음의 대비주다라니인 『신묘장구대다라니』도 이 시기에 성립되었을 것으로 추측이 되는데, 그 이유는 대비주에 관세음의 화신으로 등장하는 비슈누신과 시바신에 대한 숭배가 당시에 인도에서 그 화려한 꽃을 피우기 시작한 시기와 일치하기 때문이다. 비슈누신과 시바신은 대승불교에 흡수되어 관세음보살의 화신이 되었다. 뿐만 아니라 역사상 가장 오래된 관세음보살상이 간다라 지방에서 발견되었는데 그것은 기원 후 1세기경에 조성된 것이었다. 이런 점에서도 관세음 보살의 신앙은 그 이전부터 이루어졌으리라고 짐작된다. 중국에 A.D.143년에 번역된 경전에서는 안세고(安世高)의 『불설자서삼매경(佛說

自誓三昧經)』에서 광세음(光世音)이라는 단어가 처음 발견된다. 관세음보살의 신앙은 기원전 후에 이미 시작되었다는 것을 짐작할 수 있다. 우리 나라에서도 일찍이 관세음 신앙이 백제나 신라시대에 들어와 깊이 신봉되었다. 삼국유사의 기록에 의하면, 의상대사가 처음 당나라에서 돌아와 낙산의 해변굴에서 7일간 재계하고 관세음보살의 진신을 친견하고자 한 이야기가 그러한 것을 입증한다.

2. 관음신앙의 소의경전

관세음보살이 출현하는 경전은 너무도 많아서 일일이 다 열거할 수가 없다. 관세음보살을 신앙적으로 기술하고 있는 경전은 80여권이 넘는다. 그 가운데 제일 잘 알려진 경전이 관음경이다. 우리가 보통 『관음경(觀音經)』이라고 하는 것은 『법화경(法華經)』의 한 장인 「관세음보살보문품(觀世音菩薩普門品)」을 따로 떼어놓고 그렇게 부르는 것이다. 물론 이 경이 관세음보살을 자세하게 이야기한 유일한 경전이다. 그러나 관음경을 읽어도 천수관음이나 십일면관음과 같이 큰 사찰의 조상이나 벽화, 도상 등에 흔히 등장하는 관세음보살에 대한 기술은 없다. 관세음보살의 여러 가지 변화신의 모습은 부처님의 심원한 깨달음의 세계를 마음으로 직접 전한 밀교부의 경전이나 비밀교의 가르침 속에 있다. 그러한 밀교부 경전은 복잡한 도상과 의례로 가득 차 있다. 일반적으로 관음신앙을 경전의 사상사적으로 흐름으로 분류하면 아래와 같다.

1) 반야경류에서의 관세음보살

　대승경전 가운데 가장 먼저 등장한 것이 반야경전류(般若經典類)이다. 반야경전에서는 주로 지혜를 통해 공을 체득하는 사상을 토대로 여섯 가지의 바라밀 가운데 반야바라밀을 닦는 공의 실천자가 될 것을 권하고 있다. 따라서 보살은 이러한 공의 체득자로서 나타난다.『대품반야경(大品般若經)』이나『반야심경(般若心經)』등에는 모두 관세음보살이 이러한 반야바라밀 즉 지혜바라밀을 닦아서 완성한 공의 체득자로서 나타난다.

2) 법화경에서의 관세음보살

　대승불교가 융성하던 시대에 나타난 일승만을 주장하는『법화경(法華經)』은 별도로 유행하던『관음경(觀音經)』을「보문품(普門品)」에 포섭하여 완성되었다. 법화사상의 교리는 온갖 재난과 역경을 만난 중생을 구제한다는 내용의 보문품이 첨가됨으로써 자비에 입각한 실천적인 중생구제의 장을 마련하게 된다. 고통에 빠진 중생들이 오로지 관세음의 명호만 부르면 고통에서 벗어나 모두 해탈한다는 신앙의 극치를 보여주고 있다. 개인적인 정신적 고통뿐만 아니라 극한적인 자연적인 재해나 사회경제적인 고통과 같은 해결 불가능해보이는 고통까지 관세음의 명호만 지극 정성으로 부르면 모두 해결된다는 것이다. 이는 초기 대승의 지혜를 강조하는 입장에서 벗어나 중생의 삶의 현장에서 자비를 실천하고자 하는 대승불교의 원력을 표현한 것이다.

3) 화엄경에서의 관세음보살

　『화엄경(華嚴經)』「입법계품(入法界品)」에서 영원한 구도자 선재동자는 남방의 바닷가 보타락가산(寶陀洛迦山) 또는 광명산(光明山)에 이르러 관세음보살을 만나 설법을 듣는다. 이 보타락가산에서 관세음보살은 모든 중생을 대자비의 마음으로 평등하게 관찰하고 중생을 고난에서 구제하는 자신의 보살행을 들려준다. 여기서 그는 "나를 생각하거나 나의 이름을 부르거나 나의 몸을 보는 사람은 모두 일체의 두려움을 여의게 하고 위없이 바르고 원만한 깨달음을 발하게 하여 영원히 퇴전하게 하지 않는다."라고 선언한다. 법화경의 관음사상이 중생구제에 중요시하지만 여기서는 두려움을 여의게 하고 최상의 깨달음을 추구하도록 유도한다는 데서 한 걸음 발전한 것이라고 볼 수 있다

4) 정토경전에서의 관세음보살

정토경전류(淨土經典類)는 극락세계와 왕생에 대하여 설한 경전이다. 『무량청정평등각경(無量淸淨平等覺經)』에는 아미타여래 다음에 관세음보살이 부처가 되어 세계를 구원한다는 내용이 들어있다. 정토경전인 관무량수경(觀無量壽經)에 따르면, 관음보살은 아미타부처님을 받드는 협시보살로서 서방극락세계에서 최상의 상호와 장엄을 갖춘 보살로 등장한다. 여기서 관세음보살은 아미타부처님과 동일하지만 그는 십만억 불국토를 지나야 있는 불국토가 아니라 일정한 주처가 없이 최상의 모습을 나투어 어디든지 모습을 나타낸다. 『비화경(悲華經)』에서는 관세음보살이 아미타여래의 후계자로 미래에 편출일체광명공덕산왕여래(遍出一切光明功德山王如來)가 되는 성불의 확증을 예언하신 경전이다. 『관세음보살수기경(觀世音菩薩授記經)』도 관세음보살이 보광공덕산왕여래(普光功德山王如來)가 되어 장래에 아미타불을 대신한다고 기록되어 있다.

5) 수능엄경의 관세음보살

『수능엄경(首嚴經)』은 대승불교에서 중요한 가르침의 하나인 집중 즉 삼매에 대하여 상세한 가르침을 전개하고 있다. 초기불교에서는 이 삼매가 선정이라는 이름으로 강조되었지만 그것을 일상적으로 실천하기가 어려웠고 출가수행자에게 적합한 것으로 보였다. 그러나 대승불교에 와서는 염불(念佛)과 관불(觀佛) 등의 쉬운 방편을 갖게 되어 누구나 그 삼매의 수행을 할 수 있게 되었다. 대승경전 가운데 삼매에 관하여 다루고 있는 경전이 수능엄경이다. 수능엄경에 따르면, 불보살의 깨달음의 경지를 뜻하는 25원통(圓通 : 절대적인 진리는 모든 곳에 멀리 미친다는 뜻) 가운데 25번째의 원통인 관음원통이 가장 수승하고 쉬운 방편적 진리이다. 또한 관음은 부처님과 같이 14무외(無畏)의 공덕을 지니고 있다. 「관음원통장(觀音圓通障)」은 관세음의 지혜의 증득과 자비의 실천 이외에도 삼매의 원통을 설함으로써 보다 발전된 관음사상을 보여주고 있다.

6) 밀교경전의 관세음보살

밀교경전은 지혜와 자비를 근본으로 하되 단지 명호를 외우는 데 그치는 것이 아니라 다라니나 만다라 등과 결합하고 또 복잡한 도상과 결합하여 의례적인 불교를 보여준다. 그래서 밀교경전은 신화적이고 상징적이며 그 변화신은 무궁무진하다. 그러나 처음부터 그렇다고는 볼 수가 없고 5세기 초에는 여섯 관음으로 분화되었다. 성관음, 여의륜관음, 마두관음, 십일면관음, 불공견삭관음, 천수관음이 그것이다. 그후 이십오관음, 사십이관음 등이 생겨났고 양류관음, 용두관음 등의 32관음은 당송이후의 밀교의 영향으로 생겨난 중국적인 전개이다. 밀교경전 가운데 하나가 바로『천수천안 관세음보살 광대원만무애 대비심타라니경(千手天眼觀世音菩薩廣大圓滿無碍大悲心陀羅尼經)』인데 천수다라니가 들어있어 오늘날 우리 나라에 유통되는 천수경의 모태가 되는 경전이다. 이러한 경전들에 포함된 다라니가『신묘장구대다라니』이다. 그리고『천광안관자재보살비밀법경(千光眼觀自在菩薩秘密法經)』과 같은 곳에서는 관세음보살이 석가모니 부처님 훨씬 이전에 이미 성불한 정법명여래(正法明如來)로서 중생을 교화하기 위해 보살로 몸을 나툰다고 설한다.

3. 현재 독송되고 있는 천수경의 성립

그러나 현재 우리 나라에서 유통되는 천수경과 유사한 경전들이 중국에 전래된 것은 기원 후 7세기에 해당한다. 최초의 번역경전은 기원 후 650년경에 번역된 지통(智通)이 번역한『천안천비 관세음보살 다라니신주경(天眼天臂觀世音菩薩陀羅尼神呪經)』이다. 오늘날의 천수경과 비교적 가까운 경전이 번역된 것은 기원 후 658년 가범달마(伽梵達磨)의『천수천안 관세음보살 광대원만무애 대비심다라니경(千手天眼觀世音菩薩廣大圓滿無碍大悲心陀羅尼經)』이다.

우리 나라에도 의상스님은 중국유학을 마치고 기원 후 671년 귀국했는데 귀국해서 지은「백화도량발원문(白花道場發願文)」에 있는 "일체 중생으로 하여금 대비주(大悲呪)를 외우게 하고 보살의 이름을 불러 다같이 원통삼매(圓通三昧)의 성품의 바다에 들기를 발원하나이다."라는 글귀로 보아 천수다라니에 대하여 잘 알고 있었던 것으로 보인다. 그리고 삼국유사에도 기록이 보이는데, 경덕왕 때에 희명(希明)이 아이를 낳았는데 5살이 되었을 때에 갑자기 눈이 멀게 되었다. 그래서 분황사에 가서 천수대비의 상 앞에서 "무릎 꿇어 두 손 모아 천수관음께 사뢰나이다. 즈믄 손 즈믄 눈을 가졌사오니 하나를 내어 하나를 덜어 둘 없는 내오니 하나를랑 주시옵시라. 아아 저에게 주시옵시라. 저에게 주시면 자비가 크시올 것이라."라고 아이를 시켜 노래를 불러 기원하여 마침내 눈을 떴다는 유명한 이야기가 전하고 있다.

이와 같이 천수다라니는 오랜 역사를 가지고 인도에서 전래되었으나 현재 우리가 암송하고 있는 천수경은 밀교 의례의 전승발전과 더불어 우리 나라에서 만들어진 것이다. 조선조 후기 1881년(高宗 18年)에 출간된 『고왕관세음천수다라니경(高王觀世音千手陀羅尼經)』의 『천수경』에서 그 시원적인 형태를 찾아볼 수 있다. 그 이후 천수경은 안진호(安震浩)가 편찬한 석문의범(釋門儀範)을 통해 보다 현행 천수경과 유사해졌고, 1969년 통도사에서 간행된 『행자수지(行者受持)』 가운데 『천수심경(千手心經)』이 현행 천수경과 완전히 일치하는 최초의 판본이 되었다.

4. 다라니란 무엇인가

『신묘장구대다라니(神妙長句大陀羅尼)』는 능엄신주와 더불어 불교 다라니 가운데 가장 긴 다라니 중 하나에 속한다. 특히 우리 나라에서는 천수경 가운데 들어 있어서 모든 불교 의식에서 독송되는 가장 사랑 받는 다라니 가운데 하나가 되었다.

원래 다라니(陀羅尼 : dhāraṇī)란 말은 총지(總持)라고 번역하는데 어원적으로 살펴보면 '법을 마음에 새겨 잊지 않음(√dhṛ '보존하다')'의 뜻이다. 용수의 『대지도론(大智度論)』에 따르면, 다라니는 '갖가지 선법을 모아 잘 보전하여 산실되게 하지 않는 것'이다. 교법의 전승을 주로 기억에 의지하고 있던 시대에는 다라니의 이러한 측면이 매우 중시되었을 것임에 틀림없다.

또한 다라니를 만뜨라(漫担囉 : mantra)라고도 한다. 만뜨라란 말은 진언(眞言)이라고 번역되는데 '허망하지 않은 언어'를 의미한다. 원래 어원적으로 살펴보면 '생각하는(√man)-도구(tra)'란 말이다. 또한 이 다라니는 신비한 주문(神呪), 은밀한 주문(密呪), 밀언(密言), 혹은 밝은 주문(明呪)이라고 불리기도 한다.

어떤 사람들은 부처님께서 초기경전에서 기복적인 주문을 외우는 것을 절대적으로 금하였다고 알고 있으나 사실은 그렇지 않다. 부처님께서 진실한 가르침을 마음에 새기게 하는 진언, 즉 다라니를 지송하도록 권하는 내용이 율장에도 등장한다.

진언 다라니를 외우는 것은 우리의 마음과 행동에 새김을 일으키기 위한 것이며, 그로 인해 자비심을 일으켜 우리 자신을 사바세계의 고통으로부터 해탈하게 하고 영원한 불사(不死)의 피안으로 인도하기 때문이다.

5. 신묘장구대다라니의 성립

『천수천안 관세음보살 광대원만 무애대비심 다라니경(千手千眼觀世音菩薩廣大圓滿無碍大悲心陀羅尼經)』을 보면 이 『신묘장구대다라니』의 성립에 관한 인연담이 나온다.

> 한때 관세음 보살이 자리에서 일어나 의복을 바로 하고 부처님께 합장하고 사뢰었다.
> "세존이시여, 저에게 『신묘장구대다라니』가 있습니다. 지금 곧 말씀드리겠습니다. 이 다라니는 모든 중생에게 안락을 얻게 하기 위하여, 일체의 질병을 제거하기 위하여, 수명을 보존하기 위하여, 풍요를 얻게 하기 위하여, 일체의 악업을 소멸하기 위하여, 모든 재난을 없애기 위하여, 일체의 갖가지 공덕을 키우기 위하여, 일체의 모든 선근을 성취하기 위하여, 일체의 모든 두려움을 없애기 위하여, 가능하면 빠르게 일체의 소원을 만족시키기 위하여 있는 것이오니 다만 원컨대 부처님께서 경청하여 주십시오."
> 관세음보살이 다시 부처님께 말씀드렸다.
> "세존이시여, 만약 모든 신들과 사람들이 『신묘장구대다라니』를 외워 간직하면 임종시에 시방의 모든 부처님들이 와서 손을 잡으며, 어떠한 불국토에 태어나고자 원하면 원하는 대로 모두 왕생합니다."
> 또한 부처님께 말씀드렸다.
> "세존이시여, 만약 모든 중생이 대비신주를 외워 지녀도 모든 불국토에 태어나지 않는다면 저는 맹세코 깨달음을 이루지 않겠습니다. 만약에 대비신주를 외워 지닌 사람이 한량없는 삼매변재(三昧

辯才)를 얻지 못하면, 저는 맹세코 깨달음을 이루지 않겠습니다.『신묘장구대다라니』를 외워 지닌 사람이 현재의 삶에서 일체의 소원하는 바의 결과를 얻지 못하면,『신묘장구대다라니』라고 할 수 없습니다."

관세음보살은 위와 같은 대비심으로 이『신묘장구대다라니』를 만들었다. 이 인연담에는『신묘장구대다라니』를 외워 지니는 사람이 불국토에 태어나지 않으면 맹세코 성불하지 않겠다는 대자대비한 대승보살의 사상이 잘 나타나 있다. 이러한 보살의 서원은 초기불교의 자비사상이 대승적으로 전개된 것이라고 볼 수 있다. 초기경전『쏫따니빠다』에 나오는「자애경」을 소개하면 아래와 같다.

자 애 경

"널리 이로운 일에 능숙하여서
평정의 경지를 성취하고자 하는 님은
유능하고 정직하고 고결하고
상냥하고 온유하고 교만하지 말지이다.

만족할 줄 알아서 남이 공양하기 쉬워야 하며
분주하지 않고 생활이 간소하며
몸과 마음 고요하고 슬기로우니
가정에서 무모하거나 집착하지 말지이다.

다른 양식 있는 님들의 비난을 살만한

어떠한 사소한 행동도 삼가오니
안락하고 평화로워서
모든 님들은 행복하여지이다.

살아있는 생명이거나 어떤 것이나
동물이거나 식물이거나 남김없이
길다랗거나 커다란 것이나
중간이거나 짧거나 미세하거나 거칠거나

보이는 것이나 보이지 않는 것이나
멀리 살거나 가까이 살거나
이미 생겨난 것이나 생길 것이거나
모든 님들은 행복하여지이다.

서로가 서로를 속이지 않고 헐뜯지도 말지니
어디서든지 누구든지
분노 때문이든 증오 때문이든
서로에게 고통을 바라지 않나이다.

마치 어머니가 하나뿐인 아들을
목숨 바쳐 구하듯이
이와 같이 모든 님들 위하여
자애로운 무량한 마음을 닦게 하여지이다.

또한 일체의 세계에 대하여
높은 곳으로 깊은 곳으로 넓은 곳으로

장애 없이 원한 없이 적의 없이
자애로운 무량한 마음을 닦게 하여지이다.

서있거나 가거나 앉아있거나
누워있거나 깨어있거나
자애의 마음을 굳게 새길지니
이것이야말로 참으로 청정한 삶이옵니다.
삿된 견해에 의존하지 않고 계행을 갖추고
통찰하여 보는 법을 갖추어
감각적 욕망을 다스리면
결코 다시 윤회에 들지 않을 것이옵니다.

신묘장구 대다라니가 대비주(大悲呪)라고 불리는 것은 바로 부처님의 이러한 자비사상을 모든 광대한 우주의 신들과 중생들에게 보다 널리 전하기 위해, 즉 대승적인 차원에서 만들어졌기 때문이다.

6. 관세음보살의 지위

『천광안관자재보살비밀법경(千光眼觀自在菩薩秘密法經)』에 따르면 관자재보살은 부처님이고, 부처님의 세계에서도 최상의 주재자이다.

관자재보살은 나 이전에 성불했으며 이름하여 정법명(正法明)이라고 불리며 여래의 십호를 구족했다. 나는 그때 그 부처님을 모시고 고행하는 제자로 있었으며 그 교화에 힘입어 이제 성불(成佛)을 얻었다. 시방의 여래는 모두 관자재보살의 교화력으로 인하여 묘국토(妙國土)에서 무상도(無上道)를 얻어 묘법륜(妙法輪)을 굴린다.

관세음보살은 원래가 관음여래(觀音如來)로서 중생을 대비심으로 구원하기 위해 보살로 화현하여 이 『신묘장구대다라니』를 설했다는 것이다.

『신묘장구대다라니』의 내용 역시 관음여래가 관세음보살이라는 자비충만한 절대자로 화현하여 중생을 모든 재난에서 구원한다는 내용을 소재로 하고 있다.

이러한 『신묘장구대다라니』에는 인도 고대 힌두교의 절대신들이 관세음의 화현으로 등장하고 있다. 이들은 우주적인 성스러운 소리 옴(A-U-M)속에 종합된다. 이 옴-소리가 바로 관세음이며, 힌두교에서 숭배하는 창조신인 브라흐마, 유지신인 비슈누, 파괴신인 시바가 그 성스러운 우주적인 진동음의 삼박자를 이룬다. 이는 모든 사건이나 사물, 또는 현상을 신격화하여 융해시켜 버리는 인도인들의 종교적 특성을 반영한 것으로 아마도 이 다라니가 성립할 당시 기독교가 알려졌다면 관세음은 성부, 성자, 성모의 우주적인 진동음으로도 규정되었을 것이다. 인도인들의 종교관으로 미루어봤을 때 관음신앙에서 캄보디아의 앙코르와트 사원의 부조에서 볼 수 있는, 불교적 인연담보다 힌두적 부조에서 더욱 많이 발견되는 인도의 ≪마하바라타≫나 ≪라마야나≫와 같은 대서사시의 신화적 내용들에 바탕을 둔 것이 많이 발견되는 것은 조금도 이상한 것이 아니다.

한편, 인도인들이 소리에 깊은 의미를 두는 것은 인도인들의 소리에 대한 생각 때문인 것 같다. 인도인들은 소리 또는 음성을 마치 꽃봉오리가 터지는 것에 비유하는데, 이와 같이 청각을 시각화하는 현상은 이미 베다시대부터 나타난다. 절대자가 자기 자신을 경험세계에 드러내는 성스러운 지복의 소리는 『법화경(法華經)』의 「관세음보살보문품(觀世音菩薩普門品)」등에서는 묘음(妙音), 범음(梵音), 해조음(海潮音), 승피세간음(勝彼世間音)이라고 표현된다. 이 지복의 소리야말로 모든 절대자의 본질이며 구고구난(求苦求難)의 원천이라고 한다.

7. 관세음보살의 모습

관세음은 우주적인 진동파일 뿐만 아니라 범세계적인 지혜의 빛이다. 관무량수경(觀無量壽經)에서는 이러한 광명의 법신(法身)인 관세음보살을 다음과 같이 묘사하고 있다.

"관세음보살의 신장은 팔십억 나유타 항하사 유순[1]이며, 몸은 자금색으로 머리에 육계(肉髻)가 있다. 얼굴의 크기는 백천 유순이며 후광 가운데는 오백의 화불(化佛)이 있는데 석가모니불과 같다. 하나하나의 화불에는 오백의 보살과 무량한 천신들이 시중을 들고 있다. 신체의 후광 가운데는 인간, 수라, 아귀, 축생, 지옥 중생들의 모습이 전부 나타난다.
정수리에는 비능가마니묘보(毘愣伽摩尼妙寶)가[2] 있어 그것으

---

1) 유순 : 요자나(sk. yojana). 인도의 거리 단위로서 16킬로(40리)에 해당된다.
2) śakrābhilagnamaṇiratna : 釋迦毘愣伽寶라고도 한다. 天上에서 모든 방향을 비추는 寶石의 이름

로 천관(天冠)을 삼는다. 그 천관 가운데 하나의 화불이 있어 높이가 이십오유순이다.

관세음보살의 얼굴은 염부단금(閻浮檀金)의 색을 띠고 미간의 호상(毫相)은 칠보의 색깔을 하고 팔만사천종의 광명이 나온다. 하나하나의 광명에는 무량무수한 백천의 화불이 있으며, 하나하나의 부처님은 무수한 보살들을 거느리고 있으며, 변화자재하여 시방세계에 가득 차 있다. 그리고 비유하자면 홍련화의 색과 같이 팔십억 미묘의 광명으로서 영락(瓔珞)을 삼는다. 그 영락 가운데 모든 일체의 장엄을 드러낸다.

손바닥은 오백억(五百億)의 여러 연꽃의 색을 나타낸다. 손에는 열손가락이 있는데 하나하나의 손가락 끝에는 팔만사천의 그림이 마치 도장처럼 새겨있다. 하나하나의 그림에는 팔만사천의 색깔이 있으며 하나하나의 색에는 팔만사천의 빛이 갖추어져 있고 그 빛이 유연하여 널리 일체를 비춘다. 이러한 보배의 손으로 중생을 맞아들인다.

발을 들 때는 발바닥에 천 개의 바퀴살을 가진 법륜이 있으며 저절로 오백억의 광명대(光明臺)를 형성한다. 발을 아래로 할 때에는 금강마니화(金剛摩尼華)가 생겨나 모든 곳으로 널리 흩어져 가득 차지 않음이 없다.

그 나머지 몸의 자태는 부처님과 다를 바가 없으며 단지 정수리의 육계 내지 광명만 세존에 미치지 못한다."

관세음보살의 모습을 그림으로 표현한 많은 도상이 현존해 있지만 이와 같이 묘사된 관세음의 모습은 실제로 우리의 상상력을 초월하고 있다.

8. 앙코르와트와 관세음보살

앙코르와트는 프랑스의 식물학자 앙리 무오가 1860년 밀림속에 버려진 전설적인 도시 앙코르를 발견함으로써 세상에 알려지기 시작했다. 그는 앙코르와트와 바이욘 등에서 3주일을 보내면서 '솔로몬 왕의 신전에 버금가고 미켈란젤로와 같은 뛰어난 조각가가 세운 앙코르 와트는 고대 그리스, 로마의 신전보다 장엄하다.'라고 유럽에 소개했다.

바이욘의 미소
앙코르 톰의 중심에 위치한 바이욘 사원의 4면 관세음보살상

앙코르는 AD. 802-1431년에 캄부자 왕조의 예술혼으로 건설된 도시이다. 앙코르는 AD. 802-1431년에 캄부자 왕조의 예술혼으로 건설된 7개 도시의 중심도시로서 약 1200개의 사원이 건설되었는데, 이것들은 힌두교와 불교의 문화가 융합된 독특한 문명을 간직한 도시들이

었고 앙코르는 그러한 도시문화의 중심지였다. 이러한 융합문화는 밀교적 관점에서 이루어졌는데, 그러한 융합문화가 가능했던 것은 융합문화를 통합하는데, 없어서는 안 될 관세음신앙의 출현과 밀교적 다라니가 천수다라니 즉, 신묘장구대다라니가 있었기 때문이다. 관세음신앙과 신묘장구대다라니의 이해 없이는 앙코르와트는 심히 난해한 퍼즐에 속한다. 지금 소승불교에 속하는 스리랑카, 미얀마, 태국, 캄보디아 등지의 남방불교권에도 앙코르 시대에는 인도에서 기원후 1세기에 대승사상과 더불어 생겨난 관세음신앙을 기반으로 한 대승불교가 전파되어있었다. 중국에서 오늘날의 천수경과 비교적 가까운 경전이 번역된 것은 기원 후 658년 가범달마(伽梵達磨)의 『천수천안 관세음보살 광대원만무애대비심 다라니경(千手天眼觀世音菩薩廣大圓滿無碍大悲心陀羅尼經)』이니, 아마도 동남아에 전파된 시기도 비슷하거나 그 이후였을 것이다.

캄보디아는 이천년의 오랜 역사를 가진 나라이고, 캄보디아의 남부 메콩 강의 데타지역은 기원전부터 중국과 인도를 잇는 해상항로로서 각광을 받고 있었다. 앙코르 시대에는 힌두교와 더불어 대승불교가 인도로부터 이미 들어와 있었다. 앙코르 시대의 비문은 모두 산스크리트어와 고대 크메르어로 쓰인 것으로 알 수가 있다. 대승불교가 존재했다는 것은 관세음보살 즉, '아바로끼테슈와라'의 이름을 통해 불교가 혼합종교적으로 힌두교와 공존했다는 것을 의미한다. 이러한 이념을 체계화시킨 진언이 바로 『신묘장구대다라니』이다.

물론 이 다라니가 앙코르 문화에서 발견된 것은 아니지만, 앙코르 지역에서 발견되는 창조신 브라흐마, 유지신 비슈누, 파괴신 시바 그리고 붓다와의 신화적인 공존과 조화는 관세음보살의 대자비라는 대승적 이념이 없이는 그 공존의 비밀을 풀 열쇠를 발견할 수 없다.

비슈누신와 같은 용모의 쑤리야바르만 2세 / 앙코르와트 제3화랑 남면서쪽날개

고대 크메르 왕국이 앙코르 지역에 처음 수도를 정한 것은 제4대왕 야소바르만 1세(AD. 889-900년경) 이후 초기와 앙코르 왕국의 전성기인 12세기의 제18대왕 쑤리야바르만 2세가 앙코르와트를 건립했다. 초기 앙코르 시대에 지어진 많은 앙코르 지역의 사원이 비슈누 신이나 시바 신에게 바쳐진 것이지만, 당시에 인도차이나를 지배하던 대승밀교적 관점을 반영하는 신묘장구대다라니의 입장에서 보면 비슈누 신과 시바 신은 관세음보살의 화신에 불과함으로 앙코르와트의 대사원은 관세음보살에게 바쳐진 것이라고 볼 수 있다. 앙코르 시대의 중반기에 와서는 열열한 불교의 신봉자였던 자야바르만 7세(1181-1219년경) 때에 와서는 대승불교가 공식적으로 국교화되었다. 그가 지은 바이욘 사원은 명실상부하게 관세음보살에

게 받쳐진 것이자 본래의 부처님에게 받쳐진 사원이었다. 자야바르만7세가 죽은 뒤에 새 통치자가 힌두교적 시바파를 숭배하면서 사원에 안치된 불상이 파괴되는 수모를 겪었으나 그로부터 100년이 지나 상좌불교가 도입되면서 혼합종교적으로 힌두교와 공존하던 대승불교가 사라지고 초기불교의 형태를 간직한 상좌불교가 주된 종교로 자리를 잡게 되었다. 그리하여 16-17세기에까지 앙코르와트는 지금 보이는 그대로의 힌두교적 형태가 그대로 불교사원이 되었다.

앙코르 톰 근처의 따 쁘롬 불교유적지
관세음보살의 화신인 자야바르만7세가
어머니를 위해 건립한 사원을 뚫고 자라는 나무뿌리가
유구한 역사를 웅변하고 있다

9. 다라니의 수지독송

 관세음보살이 이처럼 장엄하고 절대적인 대자비의 보살이라고 한다면 우리가 그 이름만 부르더라도 모든 고난에서 벗어난다는 것은 자명한 일이다. 실제로 『신묘장구대다라니』는 신화적으로 화현한 관세음의 다양한 이름을 외워 지니고 간절하게 부르는 것을 내용으로 하고 있다.

 우리가 이 다라니를 외우면서 깊이 새겨야 할 것은 관세음의 신화적 화현의 의미를 올바로 이해해야 한다는 것이다. 다라니에서 칭송하는 관세음의 신화적인 화현을 이해하면, 대자대비를 본질로 하는 우주의 심오한 진리와 어떻게 수행하여 그 진리에 도달할 수 있을 것인지를 알 수 있게 된다.

 이렇게 뜻깊은 다라니가 『천수경』을 통해 많은 불자들에게 널리 유포되었으나 그 의미를 정확히 알고 마음에 새기는 사람은 드물다. 게다가 다라니는 진실한 말씀이지 결코 주술이 아닌데도 주문처럼 외우는 사람이 많은 것도 우리 불교의 현실이다.

 이렇게 된 것에는 여러 가지 이유가 있겠지만 그 가운데 하나가 중국의 역경가 현장(玄奘)에게서 기원한다고 봐도 무방할 것이다. 그는 경전을 번역함에 있어서 몇 가지는 번역하지 않는 것을 원칙으로 삼았는데 그 중 하나가 '비밀한 것은 번역하지 않는다'는 것이다. 이에 해당하는 것이 바로 다라니였다. 즉 경 가운데 다라니와 같은 부처님의 비밀한 말씀은 미묘심은(微妙深隱)해서 사유로 측량할 수 없기 때문에 번역마저도 안 된다는 것이다.

물론 다라니는 신화에서 도입한 수많은 은유와 상징으로 압축된 의미를 갖고 있기 때문에 일반인들이 쉽게 이해하기 어려운 측면이 있다. 그러나 그렇다고 하여 의미가 불분명한 것은 아니다. 따라서 현장의 말은 '옴'이나 '사바하'와 같은 의성어나 감탄사에는 적용이 될 수 있으나 다라니 전체에 적용될 수는 없다고 본다. 현장은 '반야(般若 : prajñā, paññā)'란 말도 뜻이 존귀하고 무거우므로 '지혜(智慧)'로 번역되어서는 안 된다고 했다. 그러나 실제 역사에서는 반야라고 번역해놓고도 반야는 지혜를 뜻한다고 다시 해석해서 공부하곤 하지 않았던가. 이는 반야가 지혜의 뜻임을 알아야 부처님의 가르침을 구체적으로 더 잘 이해할 수 있었기 때문이다. 다라니도 이와 마찬가지이다. 다라니의 내용이 무엇인가를 알아야 저속한 주술에 빠지지 않고, 다라니 속에 깃들어 있는 존귀하고 심오한 부처님의 가르침을 배울 수 있을 것이다. 따라서 원음으로 다라니를 지송하더라도 그 의미를 분명하게 알고 마음에 새겨야 할 것이다.

제 2 부
『신묘장구대다라니』의 수지독송

1. 현행 신묘장구대다라니의 한문음사

나모라 다나 다라 야야
나막알야 바로기제 새바라야 모지사다바야
마하사다바야 마하가로니가야
옴 살바 바예수 다라나 가라야
다사명 나막까리다바
이맘알야 바로기제 새바라다바
니라간타 나막 하리나야 마발다 이사미
살발타 사다남 수반 아예염
살바 보다남 바바말아 미수다감
다냐타
옴 아로게 아로가 마지로가지가란제
혜혜 하례 마하모지 사다바
사마라 사마라 하리나야
구로구로 갈마 사다야 사다야
도로 도로 미연제 마하미연제
다라 다라 다린나례 새바라
자라 자라 마라 미마라 아마라 몰제
예혜혜 로게 새바라
라아 미사미 나사야
나베사 미사미 나사야

1. 현행 신묘장구대다라니의 한문음사

모하 자라 미사미 나사야
호로호로 마라
호로 하례
바나마 나바
사라사라 시리시리 소로소로
못자못자 모다야 모다야
매다리야 이라간타
가마사 날사남 바라하라냐야 마낙 사바하
싯다야 사바하
마하 싯다야 사바하
싯다유예 새바라야 사바하
이라간타야 사바하
바라하 목하 싱하목카야 사바하
바나마 하따야 사바하
자가라 욕다야 사바하
상카섭나녜 모다나야 사바하
마하라 구타다라야 사바하
바마사간타 이사시체다 가릿나 이나야 사바하
마가라 잘마 이바사나야 사바하
나모라 다나다라 야야
나막알야 바로기제 새바라야 사바하

※ 이 현행 『신묘장구대다라니』의 한문음사는 띄어쓰기가 잘못되어 있다.
   정확한 띄어쓰기와 해석은 36쪽의 교정본을 참조하기 바란다.

2. 실담문자 신묘장구대다라니

실담문자는 범어로 '씻담(Siddham)'이라고 쓰며, 성취 또는 길상(吉祥)의 의미를 지니고 있다. 고대인도의 범어문자로 중국에 불교가 전래될 당시의 인도문자였다. 지금 인도에서는 이 문자를 쓰지 않고 간략화된 데바나가리라는 문자를 쓴다. 여기에 소개된 실담문자로 쓰여진 『신묘장구대다라니』는 가운데에 다라니의 핵심인 옴자가 있고, 시계방향으로 다라니경문이 적혀 있다.

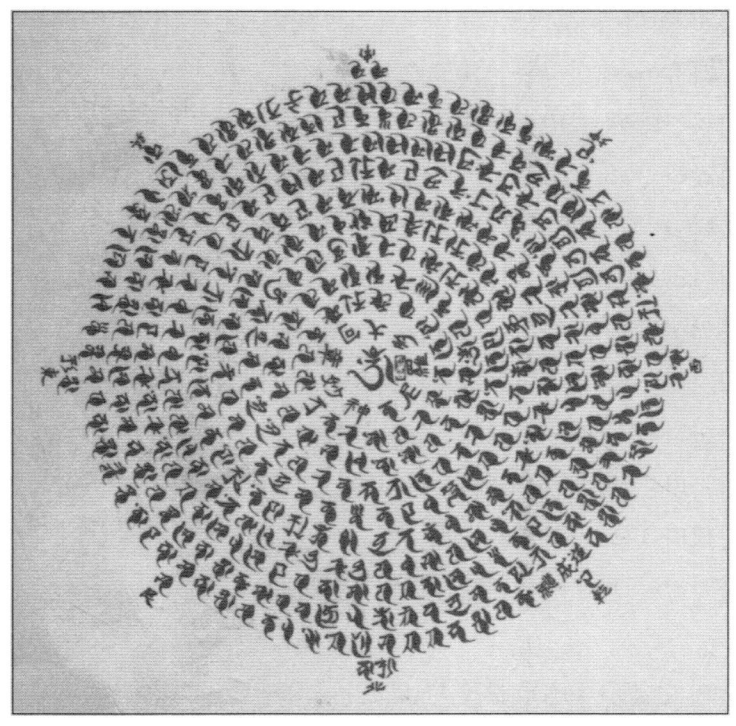

3. 복원한 신묘장구대다라니 범어원문

namo ratna-trayāya
나모 라뜨나 뜨라야야

nama āryāvalokiteśvarāya bodhisattvāya
나마 아리야발로끼떼슈와라야 보디쌋뜨와야

mahā-sattvāya mahā-kāruṇikāya
마하 쌋뜨와야 마하 까루니까야

oṁ sarva-bhayeṣu trāṇā-karāya
옴 싸르와 바예슈 뜨라나 까라야

tasmai namaḥ kṛtvā
따쓰마이 나마하 끄리뜨와

imam ārya-avalokiteśvara-stavaṁ
이맘 아리야 아발로끼떼슈와라쓰따반

nīla-kaṇṭha-nāma-hṛdayam āvartayiṣyami
닐라깐타 나마 흐리다얌 아바르따이시야미

sarvārtha-sādhanaṁ śubham ajeyaṁ
싸르바르타 싸다남 슈밤 아제양

sarva-bhūtānāṁ bhava-mārga viśuddhakam
싸르와 부따남 바바 마르가 비슈다깐

tad yathā
따디야타

oṁ āloke ālokamati lokātikrānte
옴 알로께 알로까마티 로까띠끄란떼

he he hare mahā-bodhisattva
헤헤 하레 마하 보디쌋뜨와

smara smara hṛdayaṁ
쓰마라 쓰마라 흐리다얀

kuru kuru karmaṁ sādhaya sādhaya
꾸루 꾸루 까르망 싸다야 싸다야

dhuru dhuru vijayante mahāvijayante
두루 두루 비자얀떼 마하비자얀떼

dhara dhara dharendreśvara
다라 다라 다렌드레슈와라

cala cala mala-vimala-amala-mukte
짤라 짤라 말라 비말라 아말라 묵떼

ehyehi lokeśvara
에히 에히 로께슈와라

raga-viṣaṁ vināśāya
라가 비샹 비나샤야

dveṣa-viṣaṁ vināśaya
드웨사 비샹 비나샤야

moha jāla-viṣaṁ vināśaya
모하 잘라 비샹 비나샤야

hulu hulu malla
훌루 훌루 말라

hulu hulu hare
훌루 훌루 하레

padma-nābha
빠드마 나바

sara sara siri siri sru sru
싸라 싸라 씨리 씨리 쓰루 쓰루

budhya budhya bodhaya bodhaya
부디야 부디야 보다야 보다야

maitreya-nīlakaṇṭha
마이뜨레야 닐라깐따

kāmasya dharṣiṇaṁ prahlādayamanaḥ svāhā
까마씨야 다르시남 쁘라흘라다야마나하 쓰와하

siddhāya svāhā
씻다야 쓰와하

mahā-siddhāya svāhā
마하 씻다야 쓰와하

siddha-yogeśvarāya svāhā
씻다 요게슈와라야 쓰와하

nīlakaṇṭhāya svāhā
닐라깐타야 쓰와하

varāha-mukha-siṅha-mukhāya svāhā
바라하 무카 씽하 무카야 쓰와하

padma-hastāya svāhā
빠드마 하쓰따야 쓰와하

cakra-yuktāya svāha
짜끄라 육따야 쓰와하

śankha śabda-nibodhanāya svāhā
상카 샵다 니보다나야 쓰와하

mahā-lakuṭa-dharāya svāhā
마하 라꾸따 다라야 쓰와하

vāma-skandha-diśa-sthita kṛṣṇa-jināya svāhā
바마 쓰깐다 디샤 쓰티따 크리슈나 지나야 쓰와하

vyāghra-carma-nivasanāya svāhā
비야그라 짜르마 니바싸나야 쓰와하

namo ratna-trayāya
나모 라뜨나 뜨라야야

nama ārya-avalokiteśvaraya
나마 아리야 아발로끼떼슈와라야 쓰와하

oṁ sidhyantu
옴 씨디얀뚜

mantra-padāya svāhā
만뜨라 빠다야 쓰와하

4. 현행 신묘장구대다라니의 교정

나모 라다나 다라야야
삼보님께 귀의합니다.

나막 알야 바로기제새바라야 모지사다바야
거룩한 관세음보살님께 귀의합니다.

마하사다바야 마하가로니가야
위대한 존재이신 대비의 주님[大悲主]께

옴 살바 바예수 다라나 가라야
모든 공포에서 피난처를 베푸시는 님께

다사명 나막 까리다바
님에게 귀의하고 나서

이맘 알야 바로기제새바라 다바
이 관세음에 대한 찬가를,

니라간타 나막 하리나야 마발다이사미
목에 푸른 빛을 띤, 그 마음을 노래합니다.

살발타 사다남 수반 아예염
모든 요익을 성취하게 하고, 아름답고, 겨룰 수 없는 그 마음을

살바 보다남 바바말아 미수다감
모든 뭇삶들의 윤회의 길을 청정하게 하는 그 마음을

4. 현행 신묘장구대다라니의 교정

다냐타
그것은 다음과 같습니다.

옴 아로게 아로가마지 로가 지가란제
옴~ 빛이여! 지혜의 빛을 지닌 님이여! 세상을 뛰어넘은 님이시여!

헤헤 하례 마하 모지사다바
오! 오! 님이시여! 위대한 깨달음의 존재[大寶薩]이시여!

사마라 사마라 하리나야
마음을 새기고 또 새기소서.

구로 구로 갈마 사다야 사다야
일을 하고 또 하시고, 이루어 주시고 또 이루어 주소서.

도로 도로 미연제 마하미연제
승리하고 승리하소서. 승리하는 님이시여! 위대한 승리의 님이시여!

다라 다라 다린나례새바라
수호하고 수호하소서, 번개를 수호하는 주님이시여!

자라 자라 마라 미마라 아마라 몰제
운행하고 운행하소서. 티끌 속에서 티끌을 떠난 님이시여! 청정해탈의 님이시여!

예혜혜 로게새바라
오소서, 오소서. 세계의 주님이시여!

라아 미사미 나사야
탐욕의 독을 없애 주소서

나베사 미사미 나사야
분노의 독을 없애 주소서

모하 자라 미사미 나사야
어리석음으로 얽힌 독을 없애 주소서.

호로호로 마라 호로 하례 바나마 나바
아아! 님이시여! 오오! 주님이시여! 단전에서 연꽃이 피어나는 님이시여!

사라사라 시리시리 소로소로 못자못자 모다야 모다야
물은 흐르고 또 흐르니, 깨달음으로 깨달음으로, 깨닫고 또 깨닫게 하소서!

매다리야 니라간타
목에 푸른 빛을 띤 자비의 님이시여!

가마사 날사남 바라하라나야 마낙 사바하
감각적 쾌락의 욕망을 부숴버린 쁘라흘라다의 마음을 위하여, 쓰와하

싯다야 사바하 마하 싯다야 쓰와하 싯다 유예새 바라야 사바하
성취자를 위해서 쓰와하, 위대한 성취자를 위해서 쓰와하, 성취자인 요가의 주님을 위해서, 쓰와하

니라간타야 사바하
목에 푸른 빛을 띄운 님을 위하여 쓰와하

바라하 목하 싱하 목카야 사바하
멧돼지 형상의 님과 사자 형상의 님을 위하여 쓰와하

바나마 하따야 사바하
손에 연꽃을 든 님을 위하여 쓰와하

자가라 욕다야 사바하
보륜를 사용하는 님을 위하여 쓰와하

상카 섭나녜 모다나야 사바하
소라고동에서 소리가 울릴 때 깨어난 님을 위하여 쓰와하

마하 라구타다라야 사바하
위대한 금강저를 지닌 님을 위하여 쓰와하

바마사간타 이사 시체다 가릿나 이나야 사바하
왼쪽 어깨 쪽에 서 있는 승리의 크리슈나님을 위하여 쓰와하

마가라 잘마 이바사나야 사바하
호랑이 가죽 위에서 명상하는 님을 위하여

나모 라다나 다라야
삼보님께 귀의합니다.

나막 알야 바로기제새바라야 사바하
거룩한 관세음보살님께 귀의합니다.

제 3 부
신묘장구대다라니 해설

1. 나모 라다나 다라야야

namo ratna trayāya³⁾
나모 라뜨나 뜨라야야
삼보님께 귀의합니다

삼보(三寶)는 불·법·승, 즉 부처님, 부처님의 가르침, 그 가르침을 믿고 실천하는 화합집단을 의미한다.

부처님은 깨달은 이로서 『쌍윳따니까야』에서 스스로 "수행승들이여, 나는 전생의 올바로 원만히 깨달은 분들이 거닐던 길, 옛길을 발견했다"고 말씀하셨다. 옛길은 직접적으로 자리이타(自利利他)의 여덟 가지 성스러운 길〔八正道〕을 말하지만, 네 가지 거룩한 진리〔四聖諦〕와 조건적으로 함께 생겨나는 진리, 즉 연기법(緣起法)을 바탕으로 한다. 부처님은 이러한 진리를 깨달으신 분이다.

법(法 : dharma)은 인과의 원리에 따라 발생하는 연기(緣起)의 진리 자체를 말한다.

그리고 승(僧 : saṃgha)은 제자들의 모임으로 '연기의 법칙을 아주 철저하게 사유하는 집단'이지만, 특히 대승불교에서는 그러한 부처님의 가르침을 실천하는 보살의 의미가 강하다.

---

3) namo : namas(귀의「歸依」)의 as가 유성음 앞에서 o로 변함(싼디법칙)
   ratna-trayāya : ratna-traya (삼보「三寶」)의 단수여격(ratna : 보석, traya : 세 종류로 구성된 것)

초기경전에 나오는 삼귀의는 부처님의 가르침과 인격에 감화된 이들이 부처님의 가르침을 따라 살겠다고 서원하는 자발적인 신앙의 고백으로 등장한다. 이러한 삼귀의는 대부분 다음과 같은 칭송으로 이루어져 있다.

① 세존께서는 거룩한 님, 올바로 원만히 깨달은 님, 명지와 덕행을 갖추신 님, 바른 길로 잘 가신 님, 세상을 이해하는 님, 가장 높은 자리에 오르신 님, 사람들을 길들이시는 님, 신들과 인간의 스승이신 님, 깨달은 님, 세상에 존귀한 님입니다.

② 세존께서 잘 설하신 가르침은 지금 여기에 유익한 가르침이며, 시간을 초월하는 가르침이며, 와서보라고 할 만한 가르침이며, 승화시키는 가르침이며, 슬기로운 이 하나 하나에게 알려지는 가르침입니다.

③ 님의 가르침을 따르는 참사람의 모임은 훌륭하게 실천합니다. 님의 가르침을 따르는 참사람의 모임은 정직하게 실천합니다. 님의 가르침을 따르는 참사람의 모임은 현명하게 실천합니다. 님의 가르침을 따르는 참사람의 모임은 조화롭게 실천합니다. 이처럼 님의 가르침을 따르는 참사람의 모임은 네쌍으로 여덟이 되는 참사람들로 이루어졌으니, 공양받을 만하고 대접받을 만하고 선물받을 만하고 존경받을 만하고 세상에 가장 높은 복밭입니다.

관자재보살 또는 관세음보살에 대한 신앙을 표현한 『신묘장구대다라니』에서 왜 맨 처음에 삼보에 대한 귀의가 나오는지 의아해 하는 사람이 있을 것이다.

첫째, 『천수다라니경(千手多羅尼經)』에 의하면 관세음은 본래 부처님(佛)이다.

관세음보살의 불가사의한 위신(威神)의 힘은 이미 과거 무량한 겁에 성불하여 이름을 정법명여래(正法明如來)라 하였건만, 큰 슬픔과 발원의 힘으로 일체 보살을 일으키고 일체 중생을 안락하게 성숙시키고자 현재 보살로 있는 것이니, 너희들은 마땅히 공경하고 공양하고 진심으로 그 이름을 불러라. 무량한 복을 얻고 무량한 죄를 멸하여 목숨이 다해서는 아미타불의 나라에 가게 되리라.

둘째, 관세음의 성음(聖音)으로 표현되는 옴(oṁ) 소리는 구고구난(求苦求難)의 대자비의 가르침, 즉 법(法)이다. 그것은 여기서 창조-유지-파괴되는 우주적 인연법의 진리(法)는 성스러운 옴-소리로 표현되고 있다.

셋째, 옴-소리에서 화현되는 무수한 관세음의 화신들은 진리를 사유하는 화합집단, 즉 승(僧)이다.

귀의한다는 말은 단순히 의지한다는 말이 아니라 '귀명(歸命)한다', 즉 '목숨 바쳐 돌아간다'는 의미로 특히 관음신앙에서는 자비에 대한 헌신적이고 실천적인 결의를 포함하고 있음을 명심해야 한다.

2. 나막 알야 바로기제새바라야 모지사다바야

nama ārya-avalokiteśvarāya bodhisattvāya[4]
나마 아리야-아발로기떼슈와라야 보디쌋뜨와야
거룩한 관자재보살(聖觀自在菩薩)께 귀의합니다.

'거룩한 관자재(觀自在)'라는 명칭의 원어는 '아리야-아발로끼떼슈와라(āryāvalokiteśvara)'인데 그것을 의미에 합당하게 분석하면 아리야-아발로끼따-이슈와라(ārya-avalokita-īśvara)이다.

고익진 박사는 이를 '성스러운(ārya) 보여진 것들(avalokita)의 최상의 지배자(īśvara)', 즉 '현상세계의 최상의 주재자'란 의미로 해석하고 있는데, 그것은 아바로끼따(avalokita)를 타동사의 과거분사로 해석했기 때문이다. 그런데 관자재(觀自在)라는 한문 자체에는 이러한 의미가 반영되어 있지 않다. 현장의 『대당서역기(大唐西域記)』에는 분명히 관자재(觀自在)라는 번역이 옳다고 되어 있고, 『반야심경유찬(般若心經幽贊)』 권상(卷上)에는 관(觀), 즉 '아바로끼따'를 '비추어 봄(照)' 또는 '혜관(慧觀)'의 의미라고 했다. 이

---

4) nama : namas(귀의)가 a 이외의 모음 앞에서는 s가 탈락함
   āryāvalokiteśvarāya : āryāvalokiteśvara (성관자재보살)의 단수 여격
   ārya : 성스러운, 존경할만한 분
   avalokiteśvara : 아바로끼떼스와라(관세음보살)
   avalokita : 모든 보여진 존재의
   īśvara : (능력있는)절대자(싼디법칙에 의해 a와 ī가 합해지면 e가 됨)
   bodhisattvāya : bodhisattva [보살 : 깨달은 유정, 불과를 얻으려고 수행하는 이]의 단수 여격

것은 '아발로끼따'를 타동사의 과거분사로 보지 않고 자동사의 과거분사로 해석한 것이다. 그리고 자재(自在)란 의미는 지배자 또는 주재자란 말이므로 관자재란 한역은 '지혜로 비추어 보는 주재자'란 의미일 것이다.

이러한 번역들에서 완전한 일치를 발견하기 어렵다. 그렇지만 어떻든 관자재는 다른 종교에서의 절대자, 즉 힌두교에서의 브라흐마신이나 비슈누신 또는 시바신, 기독교에서의 하느님 아버지 또는 여호와 하나님, 회교에서의 알라신과 같은 위치를 갖는다. 따라서 우리 민족의 고유한 신앙적인 정서로 본다면 원래 '성스러운 관자재'보다는 '성스러운 하느님'으로 번역하는 것이 좋을 수도 있다.

그러나 더 나아가 관자재는 다른 종교의 절대자보다 불교적인 깊이를 더하고 있다. 예를 들어 여호와 하나님이 부성적이고 권위적인 신인데 비해 관자재는 모성적이고 자비의 절대적 상징이다.

한편, 관자재의 어원이 '아발로끼떼슈와라'라면 관자재를 관세음(觀世音)이라고 번역한 구마라즙의 번역은 엄밀한 문법학적 분석에 의한다면, 오역이라고 봐야 한다. 이렇게 번역한 이유는 원래의 어원을 무시하고 문법을 달리 적용해서 유사언어학적으로 해석했기 때문이다. 본래 아리아-아발로키타-이슈와라(ārya-avalokita-īśvara)인 것을 아리아-아발로키테-쓰와라(ārya-avalokite-svara)로 어원적으로 분석하여 '성스러운, 보여진 현상세계에서 성음(svara, 聖音), 즉 옴(Oṁ)을 지닌 분' 또는 '지혜의 눈으로 성음을 관하는 분'이란 의미로 해석하면, 관세음 또는 관음(觀音)으로 번역되는 것이다.

그런데 이러한 구마라즙의 번역이 오역일 수도 있지만, 딱히 오역이라고 단정하기 어려운 것은 근래의 중앙아시아에서 발견된 「관세음보살보문품」의 범본에서는 그 '아리야-아발로키따-쓰와라(ārya-avalokita-svara)', 즉 '관찰된 세계 가운데 성스러운 소리를 지닌 분' 또는 '성스러운 소리를 관찰하시는 분'이란 이름이 새롭게 알려졌기 때문이다.

해석상의 이런 차이

수월관음도
화엄경의 입법계품에서 구법여행을 하는 선재동자에게 "나를 생각하거나 내 이름을 부르거나 내몸을 부르는 이에게 일체의 두려움을 없애주고 그들이 위없이 바르고 원만한 개달음을 얻도록 하여 깨달음의 길에서 영원히 물러서지 않게 한다"고 한 보타락가산의 관세음보살이다. 일본 보장원 소장

들에도 불구하고 이러한 해석들을 통해 우리는 성스러운 우주적 자비와 지복(至福)의 파동을 지닌 절대자를 관세음에서 만나게 된다. 우주적인 성음과 합일한 해탈자에게 있어서 지복의 파동은 온 우주 구석구석까지 고루고루 충만하게 전달된다.

우리가 자주 접할 수 있는 천수천안 관세음보살의 천수천안은 이와 같이 조건 없이 두루두루 퍼져가는 절대적인 지복의 파동을 상징화한 것이다.

그런데 이와 같이 하느님의 지위를 갖는 관세음에 왜 보살이라는 명칭을 부여했을까? 보살은 부처님보다 격이 낮은 것이 아닐까? 이러한 의문이 있을 수 있지만 사실은 그렇지 않다. 원래 보살(菩薩 : bodhisattva)이란 의미는 '깨달음의 존재'란 뜻으로 대승적 차원에서 깨달음을 인격화한 것이다. 불교의 관점에서 보면 절대적인 최상의 신도 깨달아야 하는 존재에서 예외는 아니다. 일본의 불교학자 히로사치야는 『관음경』을 해설하면서 관세음과 같은 위대한 보살을 '부처에 버금가는 존재'라고 규정했다. 보살이 지위 상에서는 부처 다음에 오지만 실제로는 능력의 측면에서 부처보다 못하지 않다는 것을 그는 다음과 같이 비유했다.

"한 관청의 예를 들어서 알기 쉽게 이야기 해보겠다. 관청마다 제일 높은 자리에 장이 있다. 그가 부처이다. 그리고 가장 높은 사람에 준하는 사람, 즉 차장 같은 존재가 있다. 위계상으로는 두 번째이지만 그 사람의 실력이 가장 높은 사람보다 못하라는 법은 없다."

2. 나막 알야 바로기제새바라야 모지사다바야 57

그러나 이와 같이 양보적인 성격의 비유는 관세음보살에게 적당하지 않다고 생각된다.『천광안 관자재보살 비밀법경(千光眼觀自在菩薩秘密法經)』에 따르면 관자재보살은 부처님의 세계에서도 최상의 주재자로 나타난다.

"관자재보살은 나(세존) 이전에 성불했으며 이름하여 정법명(正法明)이라고 불리워 여래의 십호(十號)를 구족했다. 나는 그때 그 부처님을 모시고 고행하는 제자로 있었으며 그 교화에 힘입어 이제 성불(成佛)을 얻었다. 시방의 여래는 모두 관자재보살의 교화력으로 인하여 묘국토(妙國土)에서 무상도(無上道)를 얻어 묘법륜(妙法輪)을 굴린다."

부처님

실제로『관음경』에 의하면, 관세음보살은 중생을 위하여 부처의 모습을 나투어야 할 경우 부처의 모습으로도 화현한다. 우리가 현재 독송하고 있는『천수경』에는 참회를 위해 우리가 경건하게 초대하는 참제업장십이존불(懺除業障十二尊佛)이 있는데 이들은 모두 관세음보살의 본신인 정법명여래(正法明如來)의 화신이라고 볼 수 있다.

① 보승장불(寶勝藏佛) : 탁월한 감추어진 진리의 보물로 중생이 남에게

진 일체의 신세와 허물을 소멸시켜주는 부처님

② 보광왕화렴조불(寶光王火簾照佛) : 지혜의 불빛을 비추어 중생이 재물을 사치하고 낭비한 죄를 소멸하는 부처님

③ 일체향화자재력왕불(一切香華自在力王佛) : 자비의 향기를 뿌리며 중생이 저지른 크고 작은 모든 죄업을 소멸하는 부처님

④ 백억항하사결정불(百億恒河沙決定佛) : 백억 모래알만큼 많은 선행을 닦아 중생이 지은 살인의 죄업마저 소멸시키는 부처님

⑤ 진위덕불(振威德佛) : 위덕으로 악하고 불건전한 것을 항복 받으면서도 중생이 일체의 음행과 욕지거리로 지은 죄를 소멸시키는 부처님

⑥ 금강견강소복괴산불(金綱堅强消伏壞散佛) : 금강과 같은 강한 마음으로 모든 죄업을 부수며 지옥의 죄업마저 부수는 부처님

⑦ 보광월전묘음존왕불(寶光月殿妙音尊王佛) : 달빛이 널리 비추듯 묘음을 전하며 중생에게 가르침의 공덕을 심어주는 부처님

⑧ 환희장마니보적불(歡喜藏摩尼寶積佛) : 여의주를 가지고 기쁘게 하며 중생이 성내고 분노하여 지은 죄업을 소멸하는 부처님

⑨ 무진향승왕불(無盡香勝王佛) : 무량한 가르침의 향기를 가지고 중생의 생사의 고통을 소멸하는 부처님

⑩ 사자월불(獅子月佛) : 사자처럼 위덕이 있고 달처럼 지혜로워 축생으로 태어날 중생의 죄업을 소멸하는 부처님

⑪ 환희장엄주왕불(歡喜莊嚴珠王佛) : 자비희사의 네 가지 무량한 마음을 닦으며 중생의 살생이나 도둑질의 죄악을 소멸하는 부처님

⑫ 제보당마니승광불(帝寶幢摩尼勝光佛) : 임금처럼 위력 있고 보석처럼 빛을 내며 중생의 탐욕의 죄악을 소멸하는 부처님

3. 마하 사다바야 마하 가로니가야

maha-sattvāya mahā-kāruṇikāya[5]
마하 쌋뜨와야 마하 까루니까야
위대한 존재이신 대비의 주님〔大悲主〕께

  기독교 구약성경의 하느님은 심판하는 '여호와'라는 남성적 이미지가 강하다. 그러나 불교의 관자재보살은 창조-유지-파괴의 절대신이 형상화되었음에도 불구하고 신약성경의 하느님처럼 자비의 하느님으로서 보다 여성적 이미지를 지니고 있다. 그것은 '옴(Oṁ)'이라고 하는, 깨달음의 존재가 성취한 지복의 성음(聖音)이 모든 존재에게 차별 없이 자비의 진동파로 발산되기 때문이다.

  부처님께서는 초기 경전의 곳곳에서 이러한 자비(慈悲), 즉 자애와 연민에 대해 보다 상세하게 네 가지 청정한 삶, 또는 거룩한 삶〔四梵住 : cattāri brahmavihārā〕을 들어 이야기하고 계신다.

① 자애〔慈 mettā〕의 마음으로 동쪽 방향을 가득 채우고, 자애의 마음으로 서쪽 방향을 가득 채우고, 자애의 마음으로 남쪽 방향을 가득 채우고, 자애의 마음으로 북쪽 방향을 가득 채우고, 자애의 마음으로 위와 아래와 옆과 모든 곳을 빠짐 없이 가득 채워서, 광대하고

---

[5] mahāsattvāya : mahāsattva〔마하살은 10지 이상을 성취한 보살을 다른 계위의 보살과 구분하기 위해 마하살을 붙임〕의 단수 여격
mahā : mahat(큰, 위대한)가 복합어에서 mahā로 된 것임.
sattva : 존재자, 유정「有情」
mahākāruṇikāya : mahākāruṇika(큰 대비심을 가진자)의 단수 여격.
kāruṇika : karuṇa(자비로움)를 가진

멀리 미치고 한량 없고 원한 없고 악의 없는 자애의 마음으로 일체의 세계를 가득 채워라.

② 연민〔悲 karuṇa〕의 마음으로 동쪽 방향을 가득 채우고, 연민의 마음으로 서쪽 방향을 가득 채우고, 연민의 마음으로 남쪽 방향을 가득 채우고, 연민의 마음으로 북쪽 방향을 가득 채우고, 연민의 마음으로 위와 아래와 옆과 모든 곳을 빠짐 없이 가득 채워서, 광대하고 멀리 미치고 한량 없고 원한 없고 악의 없는 연민의 마음으로 일체의 세계를 가득 채워라.

③ 기쁨〔喜 muditā〕의 마음으로 동쪽 방향을 가득 채우고, 기쁨의 마음으로 서쪽 방향을 가득 채우고, 기쁨의 마음으로 남쪽 방향을 가득 채우고, 기쁨의 마음으로 북쪽 방향을 가득 채우고, 기쁨의 마음으로 위와 아래와 옆과 모든 곳을 빠짐 없이 가득 채워서, 광대하고 멀리 미치고 한량 없고 원한 없고 악의 없는 기쁨의 마음으로 일체의 세계를 가득 채워라.

④ 평정〔捨 upekkha〕의 마음으로 동쪽 방향을 가득 채우고, 평정의 마음으로 서쪽 방향을 가득 채우고, 평정의 마음으로 남쪽 방향을 가득 채우고, 연민의 마음으로 북쪽 방향을 가득 채우고, 평정의 마음으로 위와 아래와 옆과 모든 곳을 빠짐 없이 가득 채워서, 광대하고 멀리 미치고 한량 없고 원한 없고 악의 없는 평정의 마음으로 일체의 세계를 가득 채워라.

붓다고싸는 『청정도론(淸淨道論)』에서 깨달음의 길로 들어선 자가 무량한 자비를 실천하는 방법을 세 가지로 분류하고 있다.

① 무한편만(無限遍滿 : anodhisopharaṇa)의 자비는 대상을 한정하지 않고 모든 중생들, 모든 생명체들 또는 모든 존재들에게 '원한에서 벗

어나고 고통에서 벗어나고 근심에서 벗어나서 스스로 행복할지어다.'
라고 자비심을 확산시키는 것이다.

② 한정편만(限定遍滿 : odhisopharaṇa)의 자비는 대상을 한정해서, 모든 여성들, 모든 남성들, 모든 성자들 등에게 위와 동일하게 자비심을 확산시키는 것이다.

③ 방향편만(方向遍滿 : disopharaṇa)의 자비는 시방(十方)의 각 방향으로 자비심을 확산시키는 것으로 동방의 모든 유정, 서방·남방·북방의 어떤 특정한 사람 등에 위와 동일하게 자비심을 확산시키는 것이다.

옴이라고 하는 절대자에게 체득된 진리의 파동은 위와 같은 세 가지의 자비를 모두 갖추고 있다고 볼 수 있다. 이렇게 볼 때 이러한 자비의 실천에 대한 서원은 우리 불자들이 일상적으로 하는 기도에 적용되어야 할 가장 핵심적인 내용이 되어야 할 것이다. 『관음경』에서는 관세음보살의 자비심을 보다 동적이고 감동적으로 표현하고 있다.

> 연민(悲)의 몸은 우뢰와 같이 진동하고, 자애(慈)의 마음은 신묘한 구름처럼 흐른다. 감로의 법우(法雨)를 쏟아 부어 번뇌의 불꽃을 없앤다.(悲體戒雷震 慈意妙大雲 澍甘露法雨 滅諸煩惱焰)

4. 옴 살바 바예수 다라나 가라야

oṁ[6] sarva bhayeṣu[7] trāṇā karāya
옴 싸르바 바예수 뜨라나 까라야
옴 모든 공포에서 피난처를 베푸시는 님께

1) 옴이란 무엇인가?

옴은 베다시대부터 인도에서 전해 내려온 말로 인도인의 영혼을 사로잡은 신성한 말로 힌두교에서 명명되고 철학적으로 의미가 부여되었다. 옴은 본래 베다시대에는 응낙(應諾)의 의미로서 또는 기도문의 첫머리에 사용되었다.

위대한 주재자로서의 시바신
브라흐마, 비슈누, 시바가 합해진 상태,
즉 창조, 유지, 파괴가 융합된 보편적이고
영원한 신.

『따이띠리야 우파니샤드』에 따르면, 우파니샤드 시대에 와서는 옴이 창조신인 브라흐마(梵)이자 전세계가 곧 옴이라고 명상하는

---

6) oṁ : 진언의 처음에 놓이는 비밀한 말(신에게 기원할 때의 감탄사)
7) sarva bhayeṣu : sarva bhaya(모든 두려움, 모든 공포)의 복수 처격
   sarva : 모든, 전체의 / bhaya : 공포, 두려움
   trāṇā karāya : trāṇa kara(수호해 주시는 분)의 단수 여격
   trāṇa : (몸을)보호하는, 돕는 / kara : 행위자
   tasmai : 그에게 (sas의 3인칭 단수 여격)
   namaḥ kṛtvā   namas √kṛ(경의를 표하다, 귀의하다)의 절대분사

관상(觀想)이 일반화되었다고 한다. 『문다까 우파니샤드』에도 '옴은 활이고 나는 화살이다. 브라흐마는 그 목적이다.'라는 내용이 있는데, 옴이 범아일여(梵我一如)를 파악하는 수단적인 관상법이라고 밝히고 있다.

이 때 옴은 진리의 세계에 목숨 바쳐 돌아가 마음을 청정하고 고요히 해서 우주의 절대적인 진리와 합일할 때에 들을 수 있는 우주적인 지복(至福)의 진동파이다.

초기불교에서는 이 옴이라는 말이 직접적으로 언급되지 않는다. 그러나 대승불교에 들어오면서 모든 것이 인연화합에 의해서 창조-유지-소멸하는 성스러운 진동파라는 사실, 즉 사물의 실체성이 없다는 무상무아적(無常無我的)인 연기법적 진리인 법신(法身)을 직관적으로 표현하는데, 옴을 사용하게 된다.

이 옴(Oṁ)은 삼박자 즉 A-U-Ṁ으로 분석할 수 있는데, 그것은 각각 위대한 절대신의 삼현사상(三顯思想)과 결합되어 있다.

첫째, A는 곧 창조신(創造神)인 브라흐마신의 현현이다. 요가철학에서는 우주를 지배하는 격질(激質 : rajas)의 원리를 나타내며 현상세계로의 윤회와 속박의 원인을 제공한다.

둘째, U는 곧 유지신(維持神)인 비슈누신의 현현으로, 요가철학에 따르면 우주를 지배하는 순질(純質 : sattva)의 원리를 나타내며

64 제3부 신묘장구대다라니 해설

옴-자와 천수다라니
묘음, 관세음, 범음, 해조음, 승피세간음

현상세계를 유지하고 지탱하는 원인을 제공한다.

셋째, M은 파괴신(破壞神)인 시바신의 현현으로, 요가철학에 따르면 우주를 지배하는 암질(暗質 : tamas)의 원리를 나타내며, 현상세계를 파괴하여 변화시키는 원인을 제공할 뿐만 아니라 형상세계를 종합하기도 한다.

따라서 힌두교에서 옴은 우주적인 창조-유지-파괴가 하나로 통합되어 있는 절대적 신성을 대변한다.

불교적으로 말하자면 부처님의 가르침인 무상-고-무아를 깊이 새겨 언어를 뛰어넘는 경지에 들어가 있는 그대로를 보고 들을 때의 무한한 지혜와 자비를 상징한다고 볼 수 있다. 대승불교 경전 가운데 하나인 『수호국계주다라니경(守護國界主多羅尼經)』에서는 이 옴(Oṁ)을 다음과 같이 정의한다.

> 옴(Oṁ)은 A-U-Ṁ의 세 글자로 나누어지는데, A는 보리심(菩提心)이나 법신불(法身佛)을 상징하고 U는 보신불(報身佛)을 상징하고 Ṁ은 화신불(化身佛)을 상징하고, 삼세제불이 모두 이 옴(Oṁ)을 관상하여 깨달음을 얻었으므로 이 옴은 일체의 다라니의 어머니라고 불린다.

본 『신묘장구대다라니』에서는 이러한 삼신사상(三身思想)이 관세음보살 안에 통합되어 있다. 『관음경』에 따르면, 옴 소리는 다섯 가지 소리(五音)으로 나타난다. 그것은 관점에 따라서 묘음, 관세음, 범음, 해조음, 승피세간음으로 불린다.

① 묘음(妙音) : 아름다운 소리. 모든 윤리적인 도덕을 갖추고 있는 성취의 소리이다.

② 관세음(觀世音) : 관세음보살의 본질인 무한 편만의 자비가 온 우주에 퍼지는 소리를 말한다.

③ 범음(梵音) : 청정한 우주의 소리. 번뇌의 때가 없는 깨끗한 소리라

는 뜻이다.

④ 해조음(海潮音) : 성스러운 옴 소리는 우주적인 바다의 파도 소리처럼 들린다. 이때에 그 소리는 '쓰와하(svāhā)'라고 표현된다. 이것은 지복(至福)의 소리로서 모든 번뇌에서 우리를 해방시키고 축복의 세계에 들게 한다. 우리말 다라니 경에서 '사바하'라는 표현은 곧 이 해조음을 말하는 것으로 성스러운 옴 소리와 같은 말이다

⑤ 승피세간음(勝彼世間音) : 세상을 뛰어넘는 소리. 성스러운 우주의 소리는 이 창조-유지-소멸의 세상에 있으면서 그러한 윤회의 세상을 뛰어넘는 초월의 소리이다.

2) 일체 공포에서 수호해 주시는 그 님

힌두신화에 따르면, 브라흐마신의 아들인 마르깐데야가 약속된 죽음의 나이 16세에 도달하자 시간의 신인 깔라(남성)는 죽음의 신 야마에게 제물, 즉 마르깐데야를 바치려고 했다. 이 때의 야마는 시간의 신인 깔라의 인격신이기도 하다.

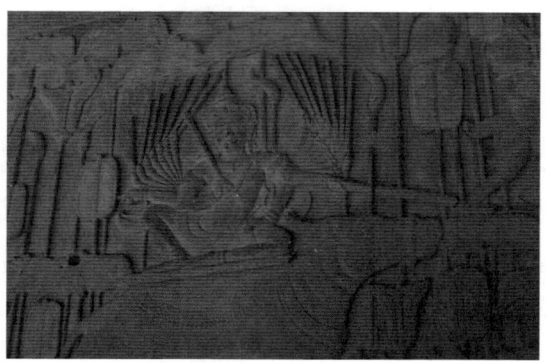

물소의 등에 올라탄 야마신. 사자(死者)를 심판하고 있다.
천국과 지옥의 회랑 / 앙코르와트

그 때 시바신이 나타나 마르깐데야를 구하고 자신의 삼지창(삼현이나 옴을 상징)으로 바닥에 넘어진 깔라 신을 찔러죽였다.

시간은 죽음의 공포를 상징한다. 따라서 시바신을 죽음의 추방자로서 '깔라하라'라고도 부른다. 죽음에서 마르깐데야를 구원하는 이 때의 시바신이 관세음보살의 화현으로 불교에 수용되었다.

깔라리 무르띠(Kalari-Murti)
깔라리는 깔라하라(Kalahara)라고도 한다. 시바신이 삼지창으로 시간(Kala)의 인격신, 곧 죽음의 신 야마(Yama)를 삼지창으로 찔러 죽이고 있다. 왼쪽에는 시바신이 죽음으로부터 보호해준 작은 마르깐데야(Markandeya)가 있다. 마두라이(Madurai)의 사원

참고로, 인도에서는 시간의 여신을 깔리(여성)라고 한다. 이 깔리여신은 모든 것을 창조하고 파괴하는 시간의 본성을 형상화한 것이기 때문에 위대한 모성을 나타냄과 동시에 인간의 잔인하고 파괴적인 특성도 함께 지닌 인도 특유의 신이다. 깔리는 어머니로서 생명과 자비를 베풀지만 파괴적인 측면에서는 자신이 낳은 아이들을 삼켜버린다. 따라서 깔리는 시바신의 아내로서 형상화되며, 현상세계의 본질을 가장 극명하게 드러내는 신이다.

마하깔리

위대한 검은 여신으로 무서운 형상을 하고, 검거나 검푸른 피부를 지니고 있다. 이마에는 빛나는 제3의 눈이 있고 뿔이 있고 피를 흘리며 혓바닥을 늘어뜨리고 있다. 또한 해골과 뱀으로 장식하고, 불꽃머리에 해골관을 쓰고 있다. 그리고 지혜와 법의 상징인 방패 및 신비적인 자아희생을 상징하는 잘린 머리를 들고 있다.

불교에서 시간은 끝없는 윤회를 상징하는 데, 시간의 신이 시바신에게 죽임을 당하거나 그에게 아내로서 복속된다는 것은 대자비의 관세음이 윤회의 재난에서 중생을 구제한다는 것을 신화적으로 상징화한 것이다.

이와 같이 모든 두려움에서 중생을 구하고자 하는 대자비의 사상은 관음신앙의 핵심이다.

『관음경』에서는 관세음을 부르면 일곱 가지의 구체적인 재난의 두려움으로부터 벗어날 수 있다고 강조하고 있다.

① 화난(火難) : 불에 의한 재난이다. 초기불교의 빠알리 경전에서는 불을 외적인 것과 내적인 것으로 구분한다. 외적 불의 재난은 화재나 화상, 폭발등의 재난이나, 내적인 불의 재난은 열, 노쇠, 소화, 먹고, 마시고, 씹고, 맛보는 현상 등의 에너지적인 것에 이상이 올 때 생겨나는 재난이다.

② 수난(水難) : 물에 의한 재난이다. 초기불교에서는 역시 물도 외적인 것과 내적인 것의 두가지로 구분하고 있다. 외적인 물의 재난은 홍수, 폭우, 익사, 표류 등의 재난이나, 내적인 재난은 담즙, 가래, 고름, 피, 지방, 눈물, 임파액, 혈액, 관절액 등 몸안에 수분(水)에 이상이 올 때 생겨나는 재난이다.

③ 풍난(風難) : 바람에 의한 재난이다. 초기불교에서는 역시 바람도 외적인 것과 내적인 것으로 구분하고 있다. 외적인 것은 폭풍우나 흑풍, 회오리 바람 등의 재난이며, 내적인 것은 우리 몸안에서 기(氣)의 흐름 즉 상향풍(上向風), 하향풍(下向風), 위주풍(胃住風), 하복주풍(下腹住風), 지지수류풍(肢肢隨流風), 출식풍(出息風), 입식풍(入息風) 등에 이상이 생기는 모든 재난을 말한다.

④ 도장난(刀丈難) : 칼과 몽둥이 등의 폭력에 의한 재난이다. 이것은 외적인 폭력에 의한 재난이다. 아마도 내적인 폭력의 예를 들자면 공갈, 협박 등의 정신적인 폭력까지 들 수 있다.

⑤ 귀난(鬼難) : 야차(夜叉)나 나찰(那刹)등의 잡귀에 의한 재난이다. 야차는 폭력을 휘두르는 악귀를 말하고 나찰은 인간을 죽이고 그 살을 먹는 악귀를 말한다. 이것은 외적인 귀난이라고 볼 수 있을 것이다. 내적인 것은 잡신이 들리거나 미쳐버리는 재난이 여기에 해당한다.

⑥ 가쇄난(枷鎖難) : 가쇄란 죄인의 자유를 빼앗는 추계가쇄(揪械枷鎖)의 줄임말이다. 추(揪)는 수갑, 계(械)는 족쇄, 가(枷)는 목에 씌우는 칼 그리고 쇄(鎖)는 몸을 매다는 쇠사슬을 말한다. 요즈음 말로 하자면 죄가 있건 없건 감옥에 갇히는 몸이 되는 재난을 말한다.

⑦ 원적난(怨敵難) : 원한있는 사람이나 적군에 의한 재난으로 이것은 외적인 재난이다. 내적인 원적의 재난은 탐·진·치의 삼독의 재난이 될 것이다.

위와 같은 두려움의 원천은 본질적으로 죽음에 있다. 시바신이 삼지창으로 시간의 신을 죽였다는 것은 관세음보살은 옴이라는 신성한 소리로 인간에게서 죽음을 몰아내는 것을 의미한다. 관세음은 공포의 시간에서 우리를 자유롭게 해주었기 때문에 우리는 이러한 모든 재난에서 벗어날 수 있는 것이다.

5. 다사명 나막 까리다바

tasmai namaḥ kṛtvā
따쓰마이 나마하 끄리뜨와
님에게 귀의하고 나서

삼보와 관세음보살님께 귀의하고 나서는 이제 관세음보살의 자비를 찬탄하는 노래로 넘어간다.

옴 마니 빠드메 훔(oṁ maṇipadme huṁ)

천수경에서는 육자대명왕진언이라고 부르는 것이다. 특히 티베트 금강승의 불교에서는 불교철학을 전체를 대변하는 상징으로 사용되는 말이다. '마니'는 보석, '빠드마'는 연꽃을 말한다. '옴 연꽃과 보석을 지닌 님이여! 훔'이라는 뜻인데, 연꽃과 보석을 지닌 님은 도상학적으로 관세음보살을 지칭하며, 지혜와 자비를 지닌 님을 상징한다. 이 신묘장구대다라니의 노래도 이 진언에 대한 신화적인 상징과 해석이라고 볼 수 있다.

6. 이맘 알야 바로기제새바라 다바

imam ārya-avalokiteśvara-tavaṁ[8)]
이맘 아리아 아발로끼떼슈와라 쓰따밤
이 관세음을 찬탄하여

관세음에 대한 찬탄은 본질적으로 바로 우주적인 지복의 성음인 옴-에 대한 찬탄이다. 옴-은 대승불교에서 법신불로 추앙된다.

관세음보살은 무량한 대자비를 뜻하기 때문에 그 화현도 그 수를 헤아릴 수도 없을 정도로 많다. 여기에서는 관세음보살의 화현에 대해 기본적인 형태를 알아보자.

우리에게 알려진 관세음보살의 기본적인 도상적 표현에는 기원후 5세기경에 최초로 성립한 여섯 가지가 있다. 그 가운데 가장 기본이 되는 것은 '거룩한 관세음〔聖觀音〕'이 있고 그 밖에 특징적인 관세음으로 성관음, 십일면관음, 천수관음, 마두관음, 불공견색관음, 여의륜관음, 준제관음이 있다.

천태종에서는 준제관음을 뺀 여섯 관음을 섬기고, 진언종에서는 여의륜관음을 제외한 여섯 관음을 섬긴다.

① 성관음(聖觀音 : Ārya-Avalokiteśvara)
가장 기본적인 관세음으로 정관음(正觀音)이라고 불린다. 오른

---

8) imam   ayam (idam 이, 이것)의 단수 목적격.
   stavam   stava (노래, 찬가)의 단수 목적격

손에 연꽃을 들고 있고 왼손은 가슴에 대고 있다. 머리에 화불(化佛)을 하고 있다. 이것이 관세음보살상의 기본 유형이다.

② 십일면관음(十一面觀音 : Ekādāśamukha-Avalokiteśvara)
열 한 개의 머리를 가진 관세음이다. 이 십일면관음은 최초의 변화관음으로 베다시대에 열 한 개의 머리를 가진 폭풍의 신인 루드라 신에서 유래되었다.

십일면관세음보살
천의(天衣)에
영락을 장식한 모습의
관세음보살상
석굴암 / 불국사

기원 후 7세기까지는 본래의 머리 이외에 열 개의 머리를 붙였으나 그 후에는 열 한 개의 머리를 붙였다. 정면의 세 얼굴은 자비의 모습이고 좌측의 세 얼굴은 분노의 표정을 짓고 있고 우측의 세 얼굴은 미소의 표정을 짓고 후면의 하나의 얼굴은 크게 웃는 모습으로 웃으면서 분노하는 표정을 짓고 있고 정상의 한 얼굴은 아미타불의 변화신의 모습을 하고 있다. 이것은 시방의 모든 것을 관찰하여 뭇 삶을 제도하고자 하는 관세음보살의 비원을 나타낸 것이다. 소의경전으로 『십일면관세음(十一面觀世音神呪經)』이 있다.

③ 천수관음 (千手觀音 : Sahasra-bhu-ja-Avalokiteśvara)

원래 명칭은 천수천안관자재보살 (千手天眼觀自在菩薩)이다. 대자비로 중생을 구제하기 위해 천 개의 손과 천 개의 눈을 가진 관세음이다. 그런데 실제로 천수천안을 조각하기는

낙산사 천수관음

어려움이 많으므로 본체의 두 개의 손에 마흔 개의 작은 손을 가진 사십이비체(四十二臂體)가 대신하기도 한다. 소의경전으로 『천수천안경(千手千眼經)』등이 있다.

6. 이맘 알야 바로기제새바라 다바 75

천수관음보살도 천수천안관세음보살은 과거세에 신묘장구대다라니를 듣고 환희하여 '일체중생을 이익되게 하고 안락하게 하기 위하여 천 개의 손과 천 개의 눈이 갖추어지이다.'라고 발원하여 천수천안이 되었다. 그 무한한 대비심으로 인하여 대비관세음이라고 불린다. 돈황출토 / 프랑스 기메 동양미술관 소장

마두관음
분노의 상을 하고 있다. 일체의 악마를 두들겨 부수고 마장을 퇴치하는 관세음

불공견색관음 일본나라 동대사 소장

④ 마두관음 (馬頭觀音 : Haya-grīva-Avalokiteśvara)

두상이 말머리인 관세음으로 분노의 상을 하고 있다. 일체의 악마를 두들겨 부수고 마장을 퇴치하는 관세음이다. 특히 육도 가운데 축생도를 수호하고 가축류를 보호하는 보살의 역할을 하기도 한다.

불교에서 악마란 바로 죽음을 의미한다고 볼 때에 죽음을 부수고 모든 중생을 구제한다는 의미를 갖고 있다. 이 관세음은 세 개의 얼굴과 여섯 개의 팔을 갖고 있다.

⑤ 불공견색관음 (不空羂索觀音 : Amoghapāśa-Avalokiteśvara)

견(羂)은 새를 잡는 그물을 말하고 색(索)은 고기를 낚는 낚시줄을 말한다. 그러나 견색은 인도에서 전쟁이나 사냥에 사용하는 갈고리가 달린 포승을 말한다. 견색에 붙들리면 아무도 그것에서 벗어날 수 없다. 관세음보살은 자비의 견색으로 고해에 빠진 중생을 건져올리는 데

실패함이 없는〔不空〕관세음이므로 불공견색관음이라고 불린다. 이 관세음의 도상은 일정하지가 않은데 한 개의 얼굴에 3개의 눈, 8개의 팔을 갖고 있다. 한 쌍의 손은 합장을 하고 있다. 소의경전으로는 『불공견색주경(不空羂索呪經)』이 있다.

⑥ 여의륜관음(如意輪觀音: Cintāmaṇicakra-Avalokiteśvara)

여의륜관음도 돈황출토 프랑스 기메 동양미술관소장

무수한 보물을 낸다는 여의보주(如意寶珠)의 삼매 속에 들어 법륜

(法輪)을 굴리며 중생이 원하는 대로 부귀, 재산, 세력, 지혜를 주며 육도중생을 제도하는 관세음이다. 이 관세음은 사유하는 관세음으로 8~9세기 이전에는 종종 미륵보살상과 흡사해서 혼동되었으나 그 후에는 하나의 얼굴에 여섯 개(六道를 상징) 혹은 여덟 개(八正道의 법륜을 상징)의 팔을 갖게 되어 미륵보살상과는 구별된다. 여섯 개의 팔을 갖고 있는 여의륜보살의 경우 오른쪽의 첫째 손은 뺨에 대고 중생구제의 사유를 생각하고 있고, 둘째 손은 여의보주를 쥐고 있고, 셋째 손은 염주를 들고 있고, 왼쪽 첫째 손은 앉아 있는 산을 누르고 있고, 둘째 손은 연꽃, 셋째 손은 법륜을 갖고 있는 것이 보통이다. 소의경전에는 『여의륜다라니신주경(如意輪多羅尼神呪經)』이 있다.

⑦ 준제관음(准提觀音 : Caṇḍi Avalokiteśvara)

이 관세음은 모든 부처님들의 어머니, 즉 준제불모(准提佛母)로도 불리고 준제칠구지불모(准提七俱胝佛母)라고도 불린다. 준제칠구지불모란 칠십억 부처님의 어머니라는 말이다. 준제란 말에는 청정의 뜻이 있다. 이 준제관음은 3개의 눈과 18개의 팔을 갖고 있다.

현재 독송되고 있는 『천수경』에는 이러한 육관음 내지 칠관음이 등장하지 않고, 관세음보살이 다음과 같은 열 한 종류의 보살마하살의 명칭으로 등장한다.

준제관음 70억 부처님의 어머니

① 관세음보살마하살(觀世音菩薩摩訶薩), ② 대세지보살마하살(大勢至菩薩摩訶薩), ③ 천수보살마하살(千手菩薩摩訶薩), ④ 여의륜보살마하살(如意輪菩薩摩訶薩), ⑤ 대륜보살마하살(大輪菩薩摩訶薩), ⑥ 관자재보살마하살(觀自在菩薩摩訶薩), ⑦ 정취보살보살마하살(正趣菩薩摩訶薩), ⑧ 만월보살마하살(滿月菩薩摩訶薩), ⑨ 수월보살마하살(水月菩薩摩訶薩), ⑩ 군다리보살마하살(軍茶利菩薩摩訶薩), ⑪ 십일면보살마하살(十一面菩薩摩訶薩)

명칭의 뒤에 붙은 보살마하살(菩薩摩訶薩)은 깨달음의 존재, 위대한 존재라는 말이다.

관세음과 관자재는 범어로는 같은 단어인 '아발로끼테슈와라 보디쌋뜨와 마하쌋뜨와(Avalokiteśvarabodhisattva Mahāsattva)'에서 온 것이며 한문으로 번역하면서 이름만 다르게 된 것이다. 그래서 관세음보살과 관자재보살은 둘 다 '거룩한 관세음(聖觀音)'에 해당한다.

대세지보살마하살의 대세지(Mahāsthāmaprāpta)는 '위대한 정진'을 지닌 보살로 『관무량수경』에는 지혜의 광명으로 널리 일체를 비추어 삼계의 윤회를 떠나 무상력을 얻은 보살로서 관세음보살과 함께 아미타불을 보좌하는 보살의 이름이다.

여의륜보살마하살과 대륜보살마하살은 대륜(Mahācakra)이 여의륜(Cintāmaṇicakra)의 별칭이므로 모두 육관음의 하나인 여의륜관세음을 말한다.

정취보살보살마하살은 정취(Annanyagāmin)는 화엄경의 53선지식의 하나로 관세보살의 주처에서 멀지 않은 곳에 있던 보살이다.

만월(Pūrṇacandra)과 수월(Udakacandra)은 관세음보살이 홀로 연기의 법칙을 깨달은 님〔辟支佛〕의 모습으로 화현한 관세음인 수월관음을 말하며 만월은 단지 그 별칭일 뿐이다.

군다리보살마하살은 군다리(Kuṇḍalī)는 '와권(渦捲), 뱀, 시바신의 이름'을 뜻하는데 요가에서는 우리 몸에 감추어진 신비한 에너지을 상징한다. 이 힘이 승화되면 불사의 감로수가 되어 중생을 교화하는 힘을 지니게 된다. 따라서 군다리보살은 군다리명왕(軍荼利明王)을 말하는데, 관세음에 비긴다면 감로관음(甘露觀音)에 해당한다. 밀교에서는 군다리의 수법(修法)을 통해 재난을 없앤다. 그리고 십일면보살마하살은 열 한 개의 머리를 육관음의 하나인 관세음을 말한다.

7. 니라간타 나막 하리나야 마발다이사미

nīlakaṇṭha-nāma hṛdayam āvartayiṣyami[9]
닐라깐타 나마 흐리다얌 아바르따이시야미
목에 푸른 빛을 띈, 그 마음을 노래합니다.

'목에 푸른 빛을 띈, 그 마음'은 중생을 위하여 윤회의 바다에 풀어져있는 독사의 독을 마셔서 없애버리는 관세음의 대자비를 뜻하며, 동시에 독사의 독을 마시고도 죽지 않는 관세음의 불사(不死)를 상징한다. '목에 푸른 빛을 띈 님'을 한역에서는 청경존(靑頸尊)이라고 한다. 이 청경존은 원래 관세음의 화현인 시바신이 형상화된 것인데, 이 이름은 중국-티벳의 문화에서 유래한 거북이 신화에도 나온다. 거북이 꾸르마는 우주와 시간의 영원성을 상징하는 동물로 관세음의 화신인 비슈누신이 형상화된 것이다.

힌두교의 천지창조의 신화에 따르면, 비슈누신은 신들과 악마들에게 불사주(不死酒) 또는 감로수(甘露水)를 얻기 위해 각종 약초와 식물을 우주의 우유바다에 넣고 휘젓기를 부탁했다. 그들은 천신만고 끝에 '만다라'라는 산을 우주의 우유바다로 끌고 와서 젓는 막

---

9) nīla kaṇṭha nāma   청경이라고 이름하는
  nīla kaṇṭha : 원래는 시바신의 이름이나 대승불교에서는 관세음보살이라 이름함 (靑頸觀音 : 목이 푸른 관세음보살)
  nāma : nāman의 단수 목적격 (~라고 이름하는)
  hṛdayam : hṛdaya(마음, 心呪) 의 단수 목적격.
  āvartayiṣyāmi : 암송하겠다 (ā√vṛt'향하게 하다. 암송하다. 반복하다'의 미래 1인칭 단수동사.)

대로 삼고, 혼돈의 뱀인 '바쑤끼(Vāsuki)'를 오랏줄로 삼아 젓는 막대에 묶었다. 그러나 신들과 악마들이 오랏줄을 죄자, 젓는 막대로 쓰려고 한 만다라 산이 바다로 가라앉아 버렸다. 이 때에 비슈누신은 거북이 형상을 하고 가라앉고 있는 산의 단단한 받침대가 되어 주었다.

천지창조의 신화
신들이 막대로 우유의 바다를 젓고 있고
위로는 요정 압사라가 태어나 하늘을 날고 아래로는 물고기가 헤엄치고 있다.
/ 앙코르와트 제3화랑 동면남쪽날개

그런데 이 때 뱀 바쑤끼가 있는 힘을 다해 푸른 독을 내 뿜었기 때문에 신들과 악마들의 눈이 멀고 말았다. 모든 생명들의 목숨도 절멸의 위험에 처했다. 그러나 다행히도 시바신이 그 푸른 독을 한 접시에 모아 간단히 마셔 버렸다. 그러나 삼키지는 않고 목(頸)에다

우유의 바다(乳海) 젓기
거북이가 떠받치고 있는 마다라 산 위에서 비슈누신이
우유의 바다 젓기를 지휘하고 있다.
/ 앙코르와트 제3회랑 동면남쪽날개

보관하고 있기 때문에 시바신은 '푸른 목'을 갖게 되었다. 이 사실은 시바신이 모든 생명을 독이 있는 고해(苦海)에서 살려내기 위하여 자비를 실천한 불사(不死)의 신임을 설명하는 것이다. 그 후에 신들과 악마들은 눈먼 상태에서 해방되어 약초와 식물이 든 우유의 바다를 오랫동안 휘저은 결과 여의수(如意樹), 불사주(不死酒)등의 갖가지 보물을 만들어 세계를 창조해냈다.

8. 살발타 사다남 수반 아예염

sarvārtha-sādhanaṁ[10] śubham[11] ajeyaṁ[12]
싸르와르타 싸다남 슈밤 아제얌
모든 요익을 성취하게 하고, 아름답고, 견줄 수 없는 그 마음을

1) 모든 요익을 성취하게 하는 마음

원래 힌두교도의 삶에는 세 가지 테마(trivarga)가 있는데, 그것은 요익, 사랑, 해탈이다. 이 가운데 요익은 가정과 국가의 번영을 뜻한다.

그러나 초기불교에서의 요익은 보다 근원적으로 자리이타(自利利他)의 삶을 지칭한다. 수천억의 부처님들을 섬겨 자리(自利)가 갖추어진 관자재보살에게는 이타적 삶 또한 갖추어져 있다.

『관음경』에서 부처님이 무진의보살(無盡意菩薩)에게 관자재보살의 이타(利他)에 관해 다음과 같이 말씀하신다.

> 잘 들어라. 관세음보살이 하는 일에는 사방팔방으로 나아가서 사람들을 구원하고자 하는 그 서원이 바다처럼 깊으며, 상상을 초월하는 수천 억의 부처님을 섬기면서 맹세한 서원이 있다.(汝聽觀音行 善應諸方所 弘誓深如海 歷劫不思議 侍多千億佛 發大淸淨願)
> 그러한 관세음보살의 대자대비 원력으로 실천하는 중요한 일들을

---

10) sarvārtha sādhanaṁ : 일체의 소원을 성취하는
 sarvārtha : sarva artha(모든 소원)의 a와 a가 겹쳐져서 ā가 됨
 artha 목적, 소원 / sādhanaṁ : sādhana (성취, 행함)의 단수 목적격
11) śubham : śubha (신적인 아름다움을 높이는, 묘「妙」한)의 단수 목적격
12) ajeyam ajeya (뛰어난「勝」)의 단수 목적격

8. 살발타 사다남 수반 아예염 85

천수관세음보살
실제로 천개의 손이 조각된 천수관음입상이다. 관세음보살은 천개의 손으로 위난에 처한 중생을 구제한다. 일본 唐招提寺 소장

그 경에서 살펴보자. 부처님은 "관음의 이름을 불러 그 모습을 보고 마음에 새겨 지내면 모든 괴로움이 사라진다.(聞名及見身 心念不空過 能滅諸有苦)"라고 게송을 시작하며 다음과 같이 말씀하신다.

① 시뻘겋게 불타고 있는 불구덩이에 혹시 밀려 떨어진 때에 '나무관세음보살!'하고 염원하면, 불도 꺼져 곧 연못으로 변화한다. (假使興害意 推落大火坑 念彼觀音力 火坑變成池)

② 만일 망망대해에 표류하면서 자칫하여 나찰이나 악귀에게 먹히게 된 때에 '나무관세음보살!'하면 나찰이나 악귀(＝사나운 물결)도 집어삼키지 못한다.(或漂流巨海 龍魚諸鬼難 念彼觀音力 波浪不能沒)

③ 높은 수미산 위에서 혹시 밀려 떨어질지라도 '나무관세음보살!' 하면, 그대로 공중에 머문다.(或在須彌峰 爲人所推墮 念彼觀音力 如日虛空住)

④ 만일 악인들에게 쫓겨 금강산에서 굴러 떨어져도 '나무관세음보살!'하면 머리털 하나 상하지 않는다.(或被惡人逐 墮落金剛山 念彼觀音力 不能損一毛)

⑤ 강도들이 에워싸 칼을 휘둘러도 '나무관세음보살!'하면 모두 다 곧 그 마음이 다정하게 변화된다.(或值怨賊繞 各執刀加害 念彼觀音力 咸卽起慈心)

⑥ 죄도 없이 억울함을 당하여 처형당하는 그때도 '나무관세음보살!'하면 목을 베는 칼이 산산조각이 나 생명을 구원받는다. (或遭王難苦 臨刑欲壽終 念彼觀音力 刀尋段段壞)

⑦ 붙잡혀 형틀에 묶이어 손에 수갑, 발에 족쇄, 목에 칼이 씌어졌어도 '나무관세음보살!' 하면 시원스럽게 풀림을 얻는다. (或囚禁枷鎖 手足被杻械 念彼觀音力 釋然得解脫)

⑧ 저주로 인해서 남이 독약으로 해치려 할 때에도 '나무관세음보살!' 하면 위해가 미치지 못한다. (咒詛諸毒藥 所欲害身者 念彼觀音力 還著於本人)

⑨ 무서운 식인귀나 독룡이 해치려 할 때에도 '나무관세음보살!' 하면 감히 위해를 끼치지 못한다. (或遇惡羅刹 毒龍諸鬼等 念彼觀音力 時悉不敢害)

⑩ 사나운 짐승들이 에워싸고 어금니며 발톱을 갈아도 '나무관세음보살!' 하면 순식간에 흩어져 달아난다. (若惡獸圍遶 利牙爪可怖 念彼觀音力 疾走無邊方)

⑪ 도마뱀이나 뱀, 큰 전갈이 붉은 혀를 내밀어 독기를 내뿜어도 '나무관세음보살!' 하면 이내 사라져 버린다. (蚖蛇及蝮蠍 氣毒煙火燃 念彼觀音力 尋聲自迴去)

⑫ 뇌성이 울리고 번개가 내리치고 우박이 쏟아지고 비가 와도 '나무관세음보살!' 하면 곧 하늘이 맑게 개인다. (雲雷鼓掣電 降雹澍大雨 念彼觀音力 應時得消散)

⑬ 우리 몸에 괴로움이 저며 와서 고통이 한량없더라도 관세음의 승묘한 지혜의 힘이 그 괴로움에서 우리를 세상의 고통에서 구원해 주신다. (衆生被困厄 無量苦逼身 觀音妙智力 能救世間苦)

⑭ 관세음은 신통을 다 갖추어 널리 지혜의 방편을 닦아 시방의

여러 국토에 아니 계신 때가 없고 몸을 나타내지 않는 곳이 없다.(具足神通力 廣修智方便 十方諸國土 無刹不現身)

⑮ 여러 가지 악취, 지옥, 귀신, 축생과 태어나고 늙고 병들고 죽는 모든 괴로움을 차근차근 다 없애준다.(種種諸惡趣 地獄鬼畜生 生老病死苦 以漸悉令滅)

⑯ 세상을 진리의 눈으로 꿰뚫어 보시고 청정한 마음으로 꿰뚫어 보시고 광대한 지혜로 꿰뚫어 보시고 연민과 자애로 꿰뚫어 보시니 항상 그를 그리워하고 항상 우러러 보라.(眞觀淸淨觀 廣大智慧觀 悲觀及慈觀 常願常瞻仰)

⑰ 지혜가 맑고 밝게 빛나니 어둠을 사라지게 하고 폭풍도 불길도 다 이기고 널리 세간을 비추어 낸다.(無垢淸淨光 慧日破諸闇 能伏災風火 普明照世間)

⑱ 연민의 몸은 우뢰처럼 진동하고 자비의 마음은 큰 구름이 되어 감로의 비를 쏟아부어 불꽃처럼 타오르는 번뇌도 흔적 없이 사라지게 한다.(悲體戒雷震 慈意妙大雲 澍甘露法雨 滅除煩惱焰)

⑲ 법정에서의 소송도 적진 속에서의 싸움에서도 관세음의 힘에 의지하면 원망의 마음을 흩어지게 한다.(諍訟經官處 怖畏軍陣中 念彼觀音力 衆怨悉退散)

⑳ 관세음은 승묘한 소리이고 거룩한 소리이고 바다의 파도와 같은 소리이고 세상을 뛰어넘는 소리이니 모름지기 언제나 마음에 새겨야 한다.(妙音觀世音 梵音海潮音 勝彼世間音 是故須常念)

㉑ 마음에 새겨 의심을 일으키지 않으면 관세음은 청정하고 거룩

하여 고통과 번뇌와 죽음과 재난에서 피난처가 되리라.(念念
勿生疑 觀世音淨聖 於苦惱死厄 能爲作依怙)
㉒ 일체의 공덕을 갖추어 자비로운 눈으로 중생을 살피며 복이 모
인 것이 무량한 바다와 같다. 그러므로 예배하는 것이 옳다.
(具一切功德 慈眼視衆生 福聚海無量 是故應頂禮)"

2) 아름다운 마음

 관세음은 비인격적인 상태에서는 옴이라는 우주적인 지복의 파동과 일체가 되어 있고 항상 중생에게 자비의 성음(聖音)을 전파하는 아름다운 존재이다. 그래서 관세음이 인격적인 보살의 형태로 나타날 때는 예로부터 아름다운 여자의 상으로 표현되어 왔다. 실제로 십일면관세음보살상은 가장 아름답게 치장한 황후의 모습을 본뜨고 있다.

 그러나 이 십일면관세음보살상을 자세히 살펴보면 콧수염이 입 가장자리에 그려져 있는 것을 볼 수 있다. 이는 관세음보살이 우주적인 성음 속에서 모든 이원성을 초월하여 있음을 뜻한다. 관세음보살은 다만 이 지구상에서 가장 아름다운 모습으로 상징적으로 나타나고 있을 뿐이다. 독일의 중세 신비주의자인 마이스터 에크하르트는 한 수녀가 자기를 찾아와서 '내가 남자인지 여자인지 모르겠다.'고 하자 '이 얼마나 참사람인가!'라고 감탄한 적이 있다고 한다. 자비심으로 충만한 궁극적인 진선미의 아름다움은 성을 초월하는 것이다.

3) 견줄 수 없는 마음

관자재보살은 '바쑤끼'라는 혼돈의 뱀이 만들어낸 '죽음의 푸른 독'을 마신 분이며, 그러고도 살아남으신 분이다. 뭇삶들을 향한 무한한 자비가 있으며 죽음의 독마저 정복해버린 불사신이다. 자비무적(慈悲無敵)이라는 말처럼 관세음보살과 견줄 수 있는 이는 아무도 없다. 불교에서는 악마를 '마라'라고 하는데, 그 의미는 '죽음'을 뜻한다. 부처님은 악마를 객관적으로 존재하는 귀신이나 마귀로 보지 않았다. 악마는 우리 마음의 상태에서 일어나는 현상이기 때문에 자비의 마음을 갖고 있으면 어떠한 악마도 우리를 정복할 수가 없다. 『쌍윳따니까야』에는 악마가 무엇인가를 묻는 라다 존자에게 부처님께서 자세히 설명하시는 것이 나온다.

"세존이시여, 악마, 악마라고 하는데 세존이시여, 악마란 어떠한 것입니까? 라다여, 물질이나 감수나 지각이나 형성이나 의식(五蘊)이 있다면, 그것은 악마요 살해하는 자요 살해되는 자이다. 라다여, 그러므로 이 세상에서 물질을 악마라고 보고 살해하는 자라고 보고 살해되는 자라고 보고 질병이라고 보고 종기라고 보고 화살이라고 보고 고통이라고 보고 고통의 근원이라고 보아야 한다. 이와 같이 본다면 올바로 보는 것이다."

관세음보살은 대자비의 생각을 일으켜 이러한 창조-유지-파괴의 현상세계를 반야경계해(般若境界海)의 세계로 바꾸고 영원한 불생불멸의 해조음(海潮音)의 삼매에 들어가신 분이다.

9. 살바 보다남 바바 말아 미수다감

sarva-bhūtānāṁ bhava-mārga-viśuddhakam[13]
싸르바 부따남 바바 마르가 비슛다깜
모든 뭇삶들의 윤회의 길을 청정하게 하는 그 마음을

우주의 주재신으로서 관세음보살의 화신인 비슈누신의 이름 가운데 하나가 비스와루빠(Viśva-rūpa)인데, 그 뜻은 '모든 형상을 지닌 자'라는 것이다.

관세음보살이 이와 같이 모든 형상을 지니는 것은 천상·인간·수라·아귀·축생·지옥의 육도로 윤회하는 중생의 세계를 청정하게 만들고자 하는 서원 때문이다. 『관음경』에서는 서른셋 변화신(變化身)으로 모습을 나투어 법을 설하여 중생계를 구제하는 관세음보살의 모습이 자세히 설명하고 있다.

비스와루빠
관세음보살의 화신인 비슈누신 인도사회와 힌두교와 관계된 모든 내용을 자신의 안으로 융해시켜 형상화된 신인데, 그의 태초의 바다와의 관계는 아리안 이전의 드라비다 문화에 기원하며 그의 태양과의 관계나 우주적-민족적 질서는 인도아리안적인 기원을 갖고 있다.

---

13) sarva bhūtānāṁ : sarva-bhūta(모든 존재)의 복수소유격. 『모든 존재들의』
 bhava mārga viśuddhakam : bhava-mārga-viśuddhaka
 bhava : 존재, 유「有」(있게 되는 것, 여기서는 생사로 번역함)
 mārga : 길, 과정
 viśuddhakam : viśuddhaka (정화시키는)의 단수 목적격
  vi-√śudh 완전히 깨끗하게 되다(종교적 의식에서)

① 성자로서의 세 가지 화현 : 선남자여, 만일 국토에 중생이 있어 바로 부처의 몸으로 구제되어야 할 자에게는, 관세음보살은 곧 부처의 몸을 나투어 설법한다. 벽지불의 몸으로 구제되어야 할 자에게는 곧 벽지불의 몸을 나투어 설법한다. 성문의 몸으로 구제되어야 할 자에게는 곧 성문의 몸을 나투어 설법한다.(善男子 若有國土衆生應以佛身得度者 觀世音菩薩 卽現佛身而爲說法 應以辟支佛身得度者 卽現辟支佛身而爲說法 應以聲聞身得度者 卽現聲聞身而爲說法)

② 하늘의 신으로서의 여섯 가지 화현 : 범왕의 몸으로 구제되어야 할 자에게는 곧 범왕의 몸을 나투어 설법한다. 제석의 몸으로 구제되어야 할 자에게는 곧 제석의 몸을 나투어 설법한다. 자재천의 몸으로 구제되어야 할 자에게는 곧 자재천의 몸을 나투어 설법한다. 대자재천의 몸으로 구제되어야 할 자에게는 곧 대자재천의 몸을 나투어 설법한다. 전륜성왕의 몸으로 구제되어야 할 자에게는 곧 전륜성왕의 몸을 나투어 설법한다. 사천왕의 몸으로 구제되어야 할 자에게는 곧 사천왕의 몸을 나투어 설법한다.(應以梵王身得度者卽現梵王身而爲說法 應以帝釋身得度者 卽現帝釋身而爲說法 應以自在天身得度者 卽現自在天身而爲說法 應以大自在天身得度者 卽現大自在天身而爲說法。應以天大將軍身得度者 卽現天大將軍身而爲說法 應以毘沙門身得度者 卽現毘沙門身而爲說法)

③ 인간으로서의 다섯 가지 화현 : 왕의 몸으로 구제되어야 할 자에게는 곧 왕의 몸을 나투어 설법한다. 장자의 몸으로 구제되어야 할 자에게는 곧 장자의 몸을 나투어 설법한다. 거사의 몸으로 구제되어야 할 자에게는 곧 거사의 몸을 나투어 설법한다. 관료의 몸으로 구제되어야 할 자에게는 곧 관료의 몸을 나투어 설법한다. 사제의 몸으로 구제되어야 할 자에게는 곧 사제의 몸을 나투어 설법

한다.(應以小王身得度者 卽現小王身而爲說法 應以長者身得度者 卽現長者身而爲說法 應以居士身得度者 卽現居士身而爲說法 應以宰官身得度者 卽現宰官身而爲說法 應以婆羅門身得度者 卽現婆羅門身而爲說法)

④ 불자로서의 다섯 가지 화현 : 비구·비구니·재가의 남녀 신도의 몸으로 구제되어야 할 자에게는 곧 비구·비구니·재가의 남녀 신도의 몸을 나투어 설법한다.(應以比丘比丘尼優婆塞優婆夷身得度者 卽現比丘比丘尼優婆塞優婆夷身而爲說法)

⑤ 인간계의 부녀으로서 네 가지 화현 : 장자·거사·관료·사제의 아내의 몸으로 구제되어야 할 자에게는 곧 장자·거사·관료·사제의 아내의 몸을 나투어 설법한다.(應以長者居士宰官婆羅門婦女身得度者 卽現婦女身而爲說法)

⑥ 동남동녀로서의 두 가지 화현 : 동남동녀의 몸으로 구제되어야 할 자에게는 곧 동남동녀의 몸을 나투어 설법한다.(應以童男童女身得度者 卽現童男童女身而爲說法)

⑦ 팔부중으로의 여덟 가지 화현 : 천신·용·야차·건달바·아수라·가루라·긴나라·마후라가·인비인 등의 몸으로 구제되어야 할 자에게는 모두 각기 이들을 나투어 설법한다.(應以天龍夜叉乾闥婆阿修羅迦樓羅緊那羅摩睺羅伽人非人等身得度者)

⑧ 금강신으로 화현을 추가하면 서른 넷 변화신 : 금강신으로 구제되어야 할 자에게는 곧 금강신의 몸을 나투어 설법한다.(應以執金剛身得度者。卽現執金剛身而爲說法)"

10. 다냐타

tad yathā[14]

따디야탐

그것은 다음과 같습니다.

연꽃
베다시대는 창조적인 에너지의 원천인 바다를 상징했다. 사원에 연꽃좌대가 있다는 사실은 그 좌대의 아래가 바다라는 것을 의미한다. 불교에 와서는 세속에 있으면서 세속에 물들지 않는 보살의 정신을 상징한다. 모든 관세음보살은 연꽃을 지니고 있다.

---

14) tad yathā 그것은 다음과 같다. 즉, 예를 들면.

11. 옴 아로게 아로가 마지 로가지가란제

oṁ āloke āloka-mati lokātikrānte[15]
옴 알로께 알로까 마띠 로까띠끄란떼
옴~ 빛이여! 지혜의 빛을 지닌 님이여! 세상을 뛰어넘은 님이시여!

1) 빛이여!

A.D.143년 중국의 안세고(安世高)는 불설자서삼매경(佛說自誓三昧經)에서 관세음을 광세음(光世音)이라고 번역했다. '보는 것(觀)'과 '빛을 비추는 것(光)'은 동일한 의미를 갖기 때문이다. 따라서 '빛이여!'라는 말은 곧 '보는 자여!'라는 말이 된다. 이러한 생각은 일체 중생의 윤회의 길을 청정하게 하는 불사(不死)의 찬가와 연관되어 있다.

고대 인도에서 빛은 연기 없는 불인 태양신 쑤리야(Sūrya)로 대표된다. 태양신의 이름인 쑤리야의 어원은 빛(svar)이다. 태양신 쑤리야는 하늘의 눈으로 모든 것을 비추어 보는 특성을 갖고 있다. 그의 주요한 임무는 신들과 인간을 위하여 세상을 비추어 밝히고 어둠을 몰아내는 것이었다. 또한 이 태양신은 규칙적으로 떠오르고 사라지는 우주적인 질서의 상징으로 수레바퀴를 갖고 있다.

---

15) āloke : 빛의 호격 / mati : 지혜
　　ālokamati : ālokamati의 호격, 빛과 같은 지혜를 지닌 님이시여
　　ati : 복합어의 전철로 「지나는, 뛰어넘는」의 의미를 가짐.
　　atikrānta : 초월하는(ati-√kram「뛰어 넘어 가다」의 과거수동분사)
　　lokātikrānte : lokātikranta의 호격, 세상을 뛰어넘는 님이시여

베다시대의 태양신 쑤리야
연꽃으로 장식된 젊고 빛나는 아름다움을 지닌 청년으로 묘사되어 있다. 좌대는 일곱 마리의 말이 끌고 있고, 마부는 아루나신(새벽의 붉은 노을신)이 맡고 있다. 동반녀로는 우샤스(새벽의 여신)와 쁘라띠우샤(아침의 여신), 황혼의 태양의 동반자로 단다와 삥갈라, 윗쪽 연꽃 아래에 짜야와 쑤레누가 있다.
델리박물관

관세음 보살의 화신인 비슈누신도 원래 태양신의 일종이었으며, 나중에 태양신의 이러한 성격은 비슈누신에게 전이되었다.

『관음경』에 따르면, 우주의 주재자로서 관세음보살에게는 무구청정한 빛이 있어 그 지혜의 태양으로 모든 어둠을 부수어 버리고 능히 모든 재앙의 풍화를 물리치며 널리 밝게 세상을 비춘다.(無垢淸淨光 慧日 破諸暗 能伏災風火 普明照世間)

이 무구청정한 빛은 관세음 보살의 다섯 가지 관찰능력(五觀)을 말하는데, 거기에는 진관(眞觀), 청정관(淸淨觀), 광대지혜관(廣大智慧觀), 비관(悲觀), 자관(慈觀)이 있다.

앞의 세 가지는 초기불교에서 비빠싸나라고 알려진 관법

(觀法)에 해당한다고 볼 수 있다. 그러나『관음경』에서는 네 번째와 다섯 번째의 관법, 즉 비관(悲觀)과 자관(慈觀)을 추가하여 비빠싸나를 완성하고 있다.

① 진관(眞觀) : 사물의 진리를 있는 그대로 보는 능력
② 청정관(淸淨觀) : 깨끗한 눈으로 보는 능력
③ 광대지혜관(廣大智慧觀) : 광대한 지혜로 사물을 보는 능력
④ 비관(悲觀) : 위 세 가지 관찰을 토대로 중생의 고통을 없애주는 능력
⑤ 자관(慈觀) : 위 세 가지 관찰을 토대로 중생에게 즐거움을 주는 능력

도가(道家)에 승광형몰(勝光形沒)이란 말이 있다. 빛이 수승하면 형상이 소멸한다는 말이다.

힌두교에서도 원래 신(神)을 뜻하는 데바(deva)의 어원은 '빛나다($\sqrt{div}$)'에서 유래한다. 힌두철학에 따르면 현상세계의 어떠한 엄청난 자연현상이나 인위적인 굉장한 장엄도 그것은 절대적인 신이 지닌 빛의 희미한 그림자에 지나지 않는다.

인도인들이 생각하는 이러한 절대적인 신의 본질은 깨달음의 빛과 무관하지 않으며 근원적으로 동일하다고 볼 수 있다. 깨달음의 빛은 현상세계의 소멸, 즉 열반을 수반한다. 그 열반은 단순한 적멸이 아니다. 그것은 하나의 빛으로 충만된 세계임과 동시에 헤아릴 수 없는 빛의 입자로 이루어져 있다. 이것이 바로 관자재보살의 성스러운 지복의 진동음의 세계인 것이다.

우주적으로 진동하는 빛의 바다에 관해 최근에 가장 장엄하게 노래한 사람은 '빠라마항싸 요가난다'이다. 요가 수행자의 절대신인 시바신의 숭배자인 그는 삼매에 들어 다음과 같이 노래하고 있다.

밝음과 어둠의 장막이 사라지고
모든 괴로움의 안개는 소멸하고
아침노을처럼 덧없는
즐거움은 빛을 바래고
감관의 신기루는 녹아 없어졌다.

사랑과 증오, 건강과 질병
삶과 죽음
이 모든 것들이 덧없는
그림자처럼 사라지고
상대적인 영화의 자막으로부터
통찰의 마법의 지팡이가
환영의 폭류를 잠재운다.
과거, 현재, 미래
이 모든 것들은 더 이상 존재하지 않는다.

요가난다.
1952년 대삼매에 들기 직전의 모습.
20세기 최대의 요가수행자

그러나 나는 어디에든 있으며 어디에든 노닌다
행성들과 태양, 와상성운(渦上星雲)과 지구
화산의 분화구와 최후의 심판의 대홍수
창조로 불타오르는 화로
말없는 방사선의 빙하

전자(電子)들의 작열하는 바다
그리고 인간의 사유
그것들은 있었고 있으며 닦아 올 것이다
나 자신, 모든 인류, 풀 한 포기 한 포기,
우주의 모든 먼지 하나하나,
분노와 탐욕, 선과 악, 갈망과 해갈,
이 모든 것을 삼켜서 나는 변화시킨다
나의 피의 무한한 바다로, 나의 전일한 존재로.

명상 속에서 자주 불붙어 타오르는
작열하는 기쁨
나의 눈물어린 두 눈은 눈부시게 현혹되고
지복의 끝없는 불꽃 속에서 활활 타오른다
나의 눈물과 나의 육체와
나의 모든 것을 삼키면서

그대가 나이고 내가 그대이다
앎과 아는 자와 알려지는 자가 하나이다
고요하고 항상하는 지복의 세계
영원한 삶과 변하지 않는 기쁨
어떠한 상상도 초월하는 환희
삼매의 지복

잠재의식도 정신의 마취상태도 아닌
나에게 자유로운 퇴로를 보장하는
삼매는 의식의 세계를 넓혀 나아간다

죽어야 하는 육체의 경계를 넘어서
영원성의 멀고 먼 해안까지
나는 우주적인 바다로서
내 안에 헤엄치는 작디 작은 나를 알아채며
모든 원자(原子)들의 속삭임을 듣는다
검붉은 지구, 산들과 계곡
보라! 이 모든 것들이 거기에 녹아든다

흐르는 바다들은 피어오르는 안개가 되어
성스러운 옴 소리는 짙은 안개를 스치며,
신비스런 장막을 불어 없애고
전자(電子)들의 빛의 바다를 들어낸다

2) 지혜의 빛을 지닌 님이여

고대인도의 『핑갈라 우파니샤드』를 보면 다음과 같은 말이 있다.

몸 속에 지혜의 불꽃이 켜졌을 때에 분할 수 없는 깨달음이 생겨나 슬기로운 자는 브라흐마의 지혜의 불로 모든 속박을 불태워버린다. 그 무한의 상태에서 확고하게 성취된 자아의 몸을 지닌 자는 최상의 자재신(自在神), 불이(不二)의 형상, 더러움을 여읜 허공, 물이 흘러 들어가는 바다와 같은 집착 없는 상태가 된다.

반야심경에는 '관자재보살이 깊은 반야바라밀다를 행할 때에 다섯 가지 존재의 다발이 텅 비었음을 비추어 보고 모든 고통과 재난을 여의었다.(觀自在菩薩 行深般若婆羅密多時 照見五蘊皆空 度一切苦厄)'는 구절이 있다. 이는 반야라는 지혜의 빛을 비추어 다섯 가지 존재의 집착다발[五蘊]로 이루어진 모든 현상세계를 소멸시켰다는 뜻이다.

반야바라밀다는 지혜의 완성을 뜻한다. 일체의 현상세계를 구성하는 다섯 가지 존재의 다발은 다음과 같다.

① 물질(色蘊; rūpa)

물질이란 전통적으로 네가지 원소(四大) 곧 지(地:견고성), 수(水;유동성), 화(火;에너지), 풍(風;운동성)과 거기에서 파생된 유도물질(所道色)을 말한다. 유도물질에는 눈,귀, 코, 혀, 몸, 마음(六根)과 거기에 대응하는 외부적 대상인 형상, 소리, 냄새, 맛, 닿음과 마음의 대상영역에서 일어나는 관념, 생각 또는 개념까지 포함된다.

여기서 마음을 물질적인 기관으로 포함시킨다고 이상하게 생각할 필요는 없다. 불교철학에서 마음이란 용어는 물질과는 반대가 되는 정신을 의미하지는 않는다. 불교에서는 다른 종교나 철학에서처럼 마음이나 정신을 물질의 반대개념으로 취급하지 않는다. 마음이란 단지 눈이나 귀와 같은 감각기관이다.

이러한 우리가 소유한 물질은 언뜻 보기에는 영원한 실체를 가지고 지속하는 것으로 보이지만 관자재보살의 지혜의 빛으로 비추어 보면 조건적으로 발생했다가 사라지는 것이다.

② 감수(受蘊; vedāna)

감수는 느낌을 의미한다. 느낌은 물질적, 정신적 기관이 외부세계와의 접촉을 통해서 경험되는 즐거움, 괴로움 그리고 즐거움도 아니고 괴로움도 아닌 느낌을 말한다. 이러한 감수는 우리의 신체와 환경에 지배받으므로 물질보다는 변화가 심한 것으로 우리에게 지각된다. 우리가 즐거울 때는 즐거움과 일치된 우리의 자아가 영원하다는 생각에 사로잡히고, 우리가 괴로울 때는 그와 일치된 우리의 자아가 허무하다고 생각하며, 다음 순간 조건들이 변하여, 더 이상 즐겁지 않을 때에는 영원하다는 생각이 허물어지면서 즐거움은 더욱 심한 괴로움으로 변화하고, 더 이상 괴롭지 않을 때에는 괴로움은 쾌락으로 변한다.

③ 지각(想蘊; saṃjñā)
지각은 형상이나 감수된 것을 개념적으로 인식하는 것이다. 우리가 파란색의 물체를 보았을 때에 그것이 개념적으로 파란색이라고 아는 것을 지각이라고 한다. 즐거운 느낌을 즐거움이란 개념으로 구분할 때는 지각의 단계에 들어선 것이다. 이러한 지각도 내부적인 감각기관과 외부적인 대상이 만나서 조건적으로 생겨난다.

이러한 개념적 지각은 다른 어느 것보다 우리에게 영원한 실체처럼 보인다. 플라톤은 우리가 다양한 모습의 소를 보고 모두 소라고 인식하는 이유는 어딘가에 영원한 소의 형상이 있기 때문이라는 이데아설을 주장했다. 이런 이데아설은 우리가 개념을 자아와 일치시켜 영원한 것이라고 보는 경향을 대변한다. 그러나 이러한 이데아설은 느낌이 변하기 쉽듯이 지각도 문둥병 환자가 뜨거운 불을 시원하다고 느끼고 부에 대하여 전도된 지각을 하듯이 지각은 조건에 따라 변한다는 사실을 간과한 것이다.

④ 형성(行蘊; saṅkharā)

형성은 정신적 행위를 의미한다. 개념작용을 토대로 하는 선악과 같은 의도적 사유, 즉 정신적인 구성이 여기에 포함된다. 일반적으로 업이라고 하는 것은 여기서 생겨난다. 감수나 지각은 의도적 행이 아니므로 업보를 낳지는 않는다.

의도적인 정신적 구성에는 탐욕 분노 어리석음뿐만 아니라 믿음, 정진, 집중 등의 해탈의 길로 향하는 요소들도 포함된다. 우리에게 정신적으로 구성된 것도 영원한 이데아와 같은 개념의 작용을 토대로 하는 만큼 부서질 수 없는 실체처럼 우리에게 다가온다. 그런데 이러한 형성도 역시 내부적인 감각능력인 정신과 외부적인 대상이 만나서 조건적으로 생겨난다.

⑤ 의식(識蘊; vijñāna)

의식은 대상을 인식하는 작용이라고 오해하는 경우가 많다. 대상을 인식하는 작용은 지각이다. 의식은 일종의 알아차림이다. 대상의 존재를 아는 것이다. 예를 들어 눈의 의식이 파란색 물체를 보았을 때, 그 의식은 빛깔의 존재를 알아차릴 뿐이고 그것이 파란색이라는 것을 깨닫지는 못한다. 이러한 의식 역시 내부적인 감각기관과 외부적인 대상이 만나서 조건적으로 생겨난다.

그러므로 다섯 가지 존재의 다발은 관자재보살의 지혜의 빛으로 비추어 보면 조건적으로 발생했다가 사라지는 인연소생의 산물로 그 모두가 나의 것이 아니고 내가 아니고 나의 자아가 아니므로 공(空)한 것이다.

3) 세상을 뛰어넘은 님이시여!

'세상을 뛰어넘는 님'은 관세음의 화현인 비슈누신의 바마나(난쟁이) 신화에 나온다. 앞서도 말했듯이 비슈누신은 창조-유지-파괴 신 가운데 유지의 신으로 관세음보살의 대자비의 위신력을 이야기할 때 가장 많이 만나게 되는 신이다.

베다성전에 의하면 비슈누신은 브라흐마신의 난쟁이 아들로 태어난다. 그는 난쟁이에서 거인으로 자라나 세 발걸음으로 지계(地界)와 공계(空界)와 천계(天界)의 삼계(三界)를 뛰어넘는다.

세 발걸음은 각각 일출, 정오, 일몰을 상징하는 아침의 태양신 싸비뜨리, 정오의 태양신인 쑤리야, 황혼의 태양신인 비바스완의 세 가지 화현[三顯]이기도 한다.

현상적으로 보면 일출은 곧 만물이 창조되는 순간이고, 정오는 만물이 활동하고 살아가는 시간이며, 일몰은 곧 만물의 종말을 상징한다.

뜨리비끄라마
세 발걸음으로 우주를 횡단한 비슈누신으로 수레바퀴, 방패, 금강저, 칼 등을 갖고 있다. 작은 난쟁이가 발리 왕과 왕비 앞에 서있다. 네팔의 창구-나라야나 사원.

비슈누교도들의 이마표시
비슈누신의 삼보(三步)를 상징한다.

따라서 이 세 발걸음은 창조-유지-파괴의 삼박자의 파동인 옴을 본질로 하는 우주적인 빛의 현현이라고도 볼 수 있다. 이것은 비슈누신이 본래 태양신이었던 것과 맥락을 같이 한다.

비슈누신은 어원적으로 전 우주에 침투하는 태양 빛의 성격을 상징한다. 그는 우주의 운명을 상징하는 세 발걸음으로 공간적으로나 시간적으로 우주를 뛰어넘어 어디에나 존재하는 절대자로 나타난다. 비슈누교도들이 이마에 그리는 삼현(三顯)은 바로 이 세 발걸음〔三步〕를 상징한다.

비슈누신의 열렬한 신봉자인 쁘라흘라다의 조카 왕 발린이 있었다. 그는 백성들을 현명하고 정의롭게 다스렸으나 공명심이 생겨나 삼계의 지배권을 쟁취하려고 했다. 그는 불의 신에게 공양을 올리고 신비스런 무기를 얻어 신들을 제석천의 수도 아마라바띠에서 추방했다.

무한공간을 상징하는 신들의 어머니 아디띠와 창조주 브라흐마신의 화현인 까시야빠 사이에 태어난 비슈누신은 난쟁이 모습으로 왕 발린의 마사제(馬祀祭 : 말을 희생물로 바치는 제사)에 참석했다.

왕 발린은 스승의 만류에도 불구하고 삼계를 차지할 욕심으로 호탕하게 웃으면서 절대자 비슈누신의 화신인 난쟁이에게 세 발걸음으로 잴 수 있는 땅을 달라고 부탁했다. 난쟁이는 뜨리비끄라마(세 걸음으로 우주를 뛰어넘는 자)의 거인으로 변해서 첫걸음으로 지계

(地界)를 뛰어넘고 두 번째 걸음으로 공계(空界)를 뛰어넘었다. 그리고 세 번째 걸음을 걸으려 하자, 쁘라흘라다가 나타나서 오만한 조카 왕 발린을 용서하고 자비를 베풀어 달라고 간청했다. 그래서 비슈누신인 뜨리비끄라마는 왕 발린에게 특사를 베풀어 지하세계의 왕국을 할당했다.

왕 발린은 일 년에 단 한번 10일간만 자신의 옛 말라바르 연안 왕국을 방문할 수 있게 되었다. 인도에서는 이를 기념하여 일년의 이 기간 중에 '오남(Onam)'이라는 축제가 벌어진다.

한편 초기불교 경전인 『쌍윳따니까야』에서도 곳곳에 수행을 통해 세상을 뛰어넘은 무한자(無限者)에 도달하는 정신적인 과정이 서술되어 있다. 여기서 세상을 뛰어넘은 님은 바로 부처님이다

① 수행승들이여, 나는 내가 원하는 대로 완전히 형상[色]의 지각을 뛰어넘어, 대상의 지각이 사라지고 다양성의 대한 지각에 주의를 기울이지 않음으로 무한한 공간의 세계[空無邊處]에 도달한다.

② 수행승들이여, 나는 내가 원하는 대로 완전히 무한한 공간의 세계를 뛰어넘어 무한한 의식의 세계[識無邊處]에 도달한다.

③ 수행승들이여, 나는 내가 원하는 대로 완전히 무한한 의식의 세계를 뛰어 넘어 아무 것도 없는 세계[無所有處]에 도달한다.

④ 수행승들이여, 나는 내가 원하는 대로 아무 것도 없는 세계를 완전히 뛰어넘어 지각하는 것도 지각하지 않는 것도 아닌 세계[非想非非想處]에 도달한다.

⑤ 수행승들이여, 나는 내가 원하는 대로 지각하는 것도 지각하지 않는 것도 아닌 세계를 완전히 뛰어넘어 생각과 느낌이 소멸한 세계(想受滅)에 도달한다.

여기서 '지각과 감수가 소멸한 세계'의 선정〔想受滅定〕은 멸진정(滅盡定 : nirodhasamapatti)이라고도 불린다. 이것은 부처님께서 성취한 가장 높은 형태의 명상이지만 궁극적인 열반의 성취는 아니다.

부처님은 요가 수행자의 선정에 의해 도달하는 초감각적 지각의 타당성을 인정했지만 그것이 궁극적인 깨달음으로 여기지 않았다. 오히려 이러한 최고 단계의 법열도 적멸의 일시적 측면으로 취급하였다. 부처님은 초기경전에서 선정에서 오는 지복을 '현세에서의 행복한 삶'일 뿐이라고 하며, '버리고 없애는 삶'이야말로 깨달음으로 가는 길이라고 하였다. 따라서 멸진정에 이른 선정도 궁극적인 깨달음은 아니며 '지각하지도 지각하지도 않는 세계'를 초월하면서 생겨난 선정의 상태이다.

다른 경전에서도 이러한 상태에 도달한 싸리뿟따에게 '지혜로써 관찰되어 번뇌들이 소멸한다'. 그리고 '입정(入定 : samāpatti)으로부터 새김(念 : sati)을 갖추어 출정(出定)한다.'라는 진술을 발견할 수 있는데, 이는 상수멸정이 곧 최고 단계의 선정이지만 그것이 곧 최종적 해탈이 아니라는 것을 시사한다. 결국 새김을 통해 일체의 조건지어진 것을 소멸시키는 것이 진정한 깨달음이며 진정한 해탈임을 알 수 있다. 『법구경』에서도 다음과 같이 강조하고 있다.

> 지혜가 없는 자에게는 선정도 없다. 선정과 지혜를 갖춘 자, 그는 참으로 열반에 가까이 있다.

이상으로 볼 때 불교에서 '세상을 뛰어넘는 님'이라는 말은 지혜의 빛으로 모든 조건지어진 것을 초월하는 열반을 성취한 님을 말한다. 열반은 단순히 말로는 형언할 수 없지만 깊은 바다나 무한한 빛에 비유될 수 있는 것이다.

12. 혜혜 하레 마하 모지사다바

he he hare[16] mahā-bodhisattva[17]
혜혜 하레 마하 보디쌋뜨와
오! 오! 님이시여, 위대한 깨달음의 존재시여!

1) 혜혜 하레

여기서 '혜혜'는 '오오!'라는 감탄사이다. 그리고 '하레'는 힌두교에서 절대신을 지칭하는 하리(hari) 또는 하라(hara)의 호격이다. 우리말로는 '님이시여!'라고 할 수 있다. 다라니에서 찬탄하는 모든 절대신은 누구나 관세음의 화현이다.

힌두신화에서는 비슈누신과 시바신 두 신이 하나로 결합한 것을 하리-하라(Hari-Hara)라고 부른다.

북인도의 뿌라나 문헌에 의하면 비슈누신이 아름다운 여신 모히니로 변했을 때, 그녀에게 매력을 느낀 시바신이 끌어안자 하리-하라라는 절대신이 되었다고 한다. 이러한 양성적 존재로서의 시바신상은 양성적 절대자, 즉 아르다나라-이슈와라라고 불리기도 한다.

여기서 양성적인 절대자라는 말은 일체의 이원적인 대립, 물질과

---

[16] he : '오! 아!'라는 감탄사이다.
　　hare : 절대신을 지칭하는 hari(비슈누신) 또는 hara(시바신)의 단수 호격이다.
[17] he : 감탄사 (오!)
　　hare : 최고신 '하리'를 부르는 감탄사(hari 또는 hara의 단수 호격).
　　mahabodhisattva : 위대한 보살의 단수 호격

하리-하라
오른쪽이 시바신이다. 삼지창, 결발보관, 무릎 부분까지의 해골염주, 난디(황소) 등으로 알 수 있다. 왼쪽이 비슈누신인데 수레바퀴, 소라고동, 무릎까지의 화환염주, 보석두관으로 알 수 있다. 오씨안의 하리하라 사원

아르다나르 이스와라
오른쪽은 남성, 왼쪽은 여성인 양성의 시바신. 오른손에 거울을 들고 있다. 봄베이의 엘레판타 사원

정신, 하늘과 땅, 남성과 여성을 초월한 절대자를 말하는 것이다.

관세음보살이 여성적인 미모와 남성적인 콧수염으로 묘사되는 것도 이와 관련이 있다. 이것은 오랫동안 이원적인 대립의 세계를 극복하고자 했던 인류의 잠재적인 욕구가 종교적으로 승화된 것이라고 볼 수 있는 것이다.

초기경전인 『마하빠자빠띠 고따미경』에서 부처님은 여성도 성불할 수 있다고 분명히 밝히고 있다. 그런데 대승불교의 여러 경전에서는 여성은 성불할 수 없다는 말이 자주 등장하고 불국정토에도 여

성의 몸으로 태어날 수 없다고 기술되어 있다. 이러한 상반된 주장을 우리 불자들은 어떻게 받아들여야 할까.

남성과 여성은 상대적인 개념이며, 성불은 이 상대성과 이원성을 뛰어넘는다. 여성의 성불이든 남성의 성불이든 그것은 이미 남성과 여성의 상대적인 세계를 초월을 전제로 한다. 그리고 불국정토에는 여성도 남성으로 변해 남성만이 태어난다는 것은, 돌이켜 생각해보면 불국정토에서의 남성은 그곳에 여성이 없으므로 남성일 수 없다는 이야기가 된다.

대승불교에서 먼저 남성과 여성을 초월한 하나의 성인 남성만이 성불할 수 있다고 표현한 것은 그 당시 사회에 존재한 성적 차별의 반영 속에서 보다 탁월한 성을 표현하기 위한 방편으로 보는 것이 타당할 것이다.

따라서 대승불교에서 표현하고 있는 많은 보살들이 여성적으로 묘사됨과 동시에 남성적으로 양성을 초월하고 있는 것은 불교 교리적으로도 매우 타당성을 지닌 것으로 보인다. 보살은 양성을 초월하여 이미 깨달음의 길로 들어선 부처님인 것이다.

2) 위대한 깨달음의 존재

'위대한 깨달음의 존재'는 마하 보디쌋뜨와(Mahābodhisattva)를 번역한 것이다. 이를 '위대한 보살'이라고 번역해도 되지만, 그렇게 되면 상식적인 관점에서 부처님보다 격이 낮다는 인상을 줄 수가 있어 '위대한 깨달음의 존재'로 번역하였다.

관세음은 중생을 구제하는 측면에서 보살로 나투었으나 위대한 깨달음의 존재로 부처님과 동일하므로 관음여래(觀音如來)라고 불린다. 『천광안관자재보살비밀법경(千光眼觀自在菩薩祕密法經)』에서는 '시방의 모든 부처님이 관세음의 교화력으로 성불했다'고까지 설해지고 있다.

제1장에서 살펴보았듯이 원래 다라니(陀羅尼 : dhāraṇī)란 말의 어원은 '보존하다(√dhṛ)'이며 다라니는 그 명사형으로 '법을 마음에 새겨 잊지 않음'이다.

천수다라니에서는 비록 힌두교의 문화가 번성하던 사회에서 힌두교의 여러 신화를 차용하여 불교의 자비사상을 표현하고 있지만, 그런 가운데서도 불교의 교법을 충실하게 담으려고 했던 노력의 흔적들이 곳곳에서 느껴진다. 따라서 불교적 전통에서 깨달음의 존재가 무엇인지 근원적으로 살펴보는 것도 다라니의 깊은 뜻에 다가가는데 큰 도움이 될 것이다. 동시에 다라니를 통해 부처님의 말씀을 되새겨보는 것도 큰 공부가 될 것이다.

초기불교 경전인 『맛지마니까야』에서는 깨달음의 존재가 성취한 정신적인 특성을 언급하고 있는데, 그것은 새김, 탐구, 정진, 희열, 안온, 집중, 평정, 즉 일곱 가지 깨달음 고리〔七覺支 : satta bojjhaṅgā〕를 말한다. 부처님께서는 수행승들에게 이 일곱 가지 깨달음의 고리를 다음과 같이 닦을 것을 강조한다.

① 새김〔念 : sati〕: 가르침을 듣고 몸의 멀리 떠남과 마음의 멀리 떠남의 두 가지 멀리 떠남으로 멀리 떠난다. 이와 같이 그는 멀리 떠남으로써 비로소 그 가르침을 기억하고 사유한다. 멀리 떠나 그 가르침을 기억하고 사유함으로서 비로소 새김의 깨달음 고리가 시작된다. 새김의 깨달음 고리를 닦을 때에 새김의 깨달음 고리는 닦임으로 원만해진다. 이와 같이 마음에 새김으로써 비로소 그 가르침을 지혜로서 탐구하고 조사하고 관찰한다.

② 탐구〔擇法 : dhammavicaya〕: 마음에 새겨 그 가르침을 지혜로서 탐구하고 조사하고 관찰하면 그 때에 탐구의 깨달음 고리가 시작된다. 탐구의 깨달음 고리를 닦을 때에 탐구의 깨달음 고리는 닦임으로 원만해진다. 이와 같이 지혜로서 탐구하고 조사하고 관찰함으로써 비로소 물러서지 않는 정진을 향해 노력한다.

③ 정진〔精進 : viriya〕: 지혜로서 탐구하고 조사하고 관찰하여 불퇴의 정진을 향해 노력하면 그 때에 정진의 깨달음 고리가 시작된다. 정진의 깨달음 고리를 닦을 때에 수행승의 정진의 깨달음 고리는 닦임으로 원만해진다. 이와 같이 불퇴의 정진을 향해 노력함으로써 비로소 욕망을 뛰어넘는 희열이 생겨난다.

④ 희열〔喜 : pīti〕: 불퇴의 정진을 향해 노력하여 욕망을 뛰어넘는 희열이 생겨나면 그 때에 희열의 깨달음 고리가 시작된다. 희열의 깨달음 고리를 닦을 때에 수행승의 희열의 깨달음 고리는 닦임으로 원만해진다. 이와 같이 욕망을 뛰어넘는 희열이 생겨남으로써 비로소 몸이 고요해지고 마음이 즐거워진다.

⑤ 안온〔輕安 : passaddhi〕: 감각적 욕구가 없는 희열이 생겨나서 몸

이 고요해지고 마음이 즐거워지면 그 때에 안온의 깨달음 고리가 시작된다. 안온의 깨달음 고리를 닦을 때에 안온의 깨달음 고리는 닦임으로 원만해진다. 이와 같이 몸이 고요해지고 마음이 즐거워짐으로써 비로소 마음이 집중에 든다.

⑥ 집중〔定 : samādhi〕: 몸이 고요해지고 마음이 즐거워져서 집중에 들면 그 때에 집중의 깨달음 고리가 시작된다. 집중의 깨달음 고리를 닦을 때에 수행승의 집중의 깨달음 고리는 닦임으로 원만해진다. 이와 같이 마음이 집중에 들어감으로써 비로소 훌륭한 통찰에 이른다.

⑦ 평정〔捨 : upekkha〕: 마음이 집중에 들어 훌륭한 통찰에 이르면 그 때에 평정의 깨달음 고리가 시작된다. 평정의 깨달음 고리를 닦을 때에 수행승의 평정의 깨달음 고리는 닦임으로 원만해진다.

관세음보살 또는 관음여래의 깨달음의 특성도 이러한 일곱 가지 깨달음 고리를 바탕으로 하고 있는 것임은 두말할 나위가 없다.

13. 사마라 사마라 하리나야

smara smara hṛdayam[18]
쓰마라 쓰마라 흐리다양
마음을 새기고 또 새기소서

여기서는 관세음보살의 마음에 대한 새김(念 : √smṛ '기억하다, 새기다'에서 파생된 것으로 범어에서는 smṛti 빠알리어에서는 sati) 특히 강하게 찬탄되고 있다. 새김과 관찰은 깨달음의 길을 가는 이들이 갖추어야 할 수행의 기초이다. 올바른 새김과 관찰 없이는 올바른 견해가 있을 수 없으며, 따라서 지혜의 완성도 있을 수 없다.

초기경전에서 몸과 느낌과 마음과 사실에 대한 관찰은 행주좌와에 대한 관찰이나 호흡에 대한 관찰에서부터 쾌·불쾌의 느낌에 대한 관찰, 물든 마음에 대한 관찰, 무상·고·무아에 대한 관찰에 이르기까지 세밀하고 다양하다.

『디가니까야』에서 부처님은 네가지 새김의 토대〔四念處 : cattaro satipaṭṭhānā〕가 슬픔과 비탄을 뛰어넘게 하는 대자비심의 토대라고 말한다.

> 네가지 새김의 토대는 곧 뭇삶을 청정하게 하고 슬픔과 비탄을 뛰어넘게 하고 고통과 근심을 소멸하고 올바른 길에 들어서게 하고 열반을 깨닫게 하는 유일한 길이다.

---

18) smara : √smṛ(기억하다, 새기다.)의 단수 2인칭 명령형.
　　 hṛdayam : hṛdaya(마음, 心呪) 의 단수 목적격.

이러한 말씀을 듣고 다라니를 접한다면 우리는 다라니신앙이 단순히 기복적인 것이 아니라 힌두교가 지배하는 사회문화적 조건 속에서도 초기불교정신을 간직하고자 하는 운동의 결과로 생각해볼 수 있을 것이다. 앞에서 소개한 일곱 가지 깨달음의 고리〔七覺支〕와 네 가지 새김의 토대에서 일관되게 강조되고 있는 새김은 관세음보살의 대자비심으로 이르는 토대가 되는 것이다. 불교에서 말하는 네 가지 새김의 토대는 다음과 같다.

① 신체에 대한 관찰〔身隨觀 : kāya-anupassanā〕: 열심히 노력하고 올바로 알고 깊이 새겨 세상의 탐욕과 근심을 제거하며, 신체에 대해 신체를 관찰한다.

② 느낌에 대한 관찰〔受隨觀 : vedanānupassanā〕: 열심히 노력하고 올바로 알고 깊이 새겨 세상의 탐욕과 근심을 제거하며, 느낌에 대해 느낌을 관찰한다.

③ 마음에 대한 관찰〔心隨觀 : cittānupassanā〕: 열심히 노력하고 올바로 알고 깊이 새겨 세상의 탐욕과 근심을 제거하며, 마음에 대해 마음을 관찰한다.

④ 사실에 대한 관찰〔法隨觀 : dhammānupassanā〕: 열심히 노력하고 올바로 알고 깊이 새겨 세상의 탐욕과 근심을 제거하며, 사실에 대해 사실을 관찰한다.

특히 부처님은 중생을 교화하기 위해 시내로 들어가지 않는 안거기간에도 이 네 가지 새김을 기초로 호흡새김(按般念 : Ānāpāna-smṛti)을 닦았다. 이러한 새김이야말로 대자비삼매(大慈悲三昧)의 기초였기 때문이다.

14. 구로 구로 갈마 사다야 사다야

kuru kuru karmaṁ sādhaya sādhaya[19]
꾸루 꾸루 까르망 싸다야 싸다야
일하고 또 일하시고 이루어 주시고 또 이루어 주소서

새김을 통해 세상을 관찰하는 보살은 물러서지 않고 끊임없이 정진한다. 부처님께서는 말씀하신 네 가지 올바른 정진〔四正勤 : cattāro sammappadhāna〕에 대해 살펴보자.

- ① 제어의 노력〔律儀勤 : saṁvarappadhāna〕: 아직 생겨나지 않은 악하고 불건전 상태들이 생겨나지 않도록 의욕을 생겨나게 하고 노력하고 정근하고 마음을 책려하고 정진한다.

- ② 버림의 노력〔斷勤 : pahānappadhāna〕: 이미 생겨난 악하고 불건전한 상태들을 제거하기 위하여 의욕을 일으키고 노력하고 정근하고 마음을 책려하여 정진한다.

- ③ 수행의 노력〔修勤 : bhāvanāppadhāna〕: 아직 일어나지 않은 착하고 건전한 상태를 일으키기 위하여 의욕을 일으키고 노력하고 정근하고 마음을 책려하여 정진한다.

- ④ 수호의 노력〔守護勤 : anurakkhaṇāppadhāna〕: 이미 생겨난 착하고 건전한 상태를 유지하여 잊어버리지 않고 증가시키고 성숙하게 하며 충만하도록 의욕을 일으키고 정근하고 마음은 책려하여 정진한다.

---

19) kuru : 해라 (√kṛ : 하다)의 이인칭 단수 명령형
karmaṁ : karma(업, 일, 행위)의 단수 목적격
sādhaya : 성취해라(√sidh)의 단수 이인칭 사역 명령형

15. 도로 도로 미연제 마하 미연제

dhuru dhuru vijayante mahā-vijayante[20]
두루 두루 비자얀떼 마하 비자얀떼
승리하고 승리하소서. 승리의 님이시여! 위대한 승리의 님이시여!

관세음보살이 승리의 주님으로 나타날 때는 힌두교의 시바신 설화와 특히 연관된다. 시바신은 원래 파괴의 신이지만 파괴는 생성과 유지의 종합이며 새로운 세계를 창조하는 원동력이다. 자연은 창조-유지-파괴의 윤회 속에 있는 변화무쌍한 현상세계의 환상이다. 시바신은 자연이 보여주는 그러한 환상의 놀이를 자비스런 미소를 띠고 즐긴다.

'딴다바'의 춤을 즐기는 시바신은 우주적인 신으로 다섯 가지의 활동 원리를 갖고 있다. 그것은 우주를 지배하고 활동하게 하는 창조, 유지, 파괴의 세 가지 원리와 무지(無知)의 베일을 가리고 여는 두 가지 원리이다.

① 창조(創造): 창조는 시바신의 위쪽 오른손에 있는 장구로서 상징된다. 장구의 소리는 현상세계속에서 절대자의 최초의 섬세한 현현이다.

② 유지(維持): 대극성의 합일. 시바신의 형상은 모든 대극적인 모순을 자신 속에서 합일, 즉 지양하는 절대신을 나타내고 있다. 대극성이란

---

20) dhuru : √dhur, dhvṛ, dhru(굴복시키다, 상처를 입히다)의 단수 2인칭 명령형.
vijayante : vijayanta(승리하는 자, 인드라신의 이름)
vi-√ji 승리하다, 이기다. 정복하다
mahāvijayante : 위대한 승리자(mahat와 vijayanta의 복합어)

창조와 파괴, 물질과 정신, 남성과 여성 등을 뜻한다.

③ 파괴(破壞) : 우주의 파괴는 창조의 대극적인 측면으로 위쪽 왼손에 있는 불로 상징된다.

④ 차폐(遮蔽) : 정신적인 무지나 맹목은 난쟁이 아빠쓰마라로 상징된다. 시바신의 발아래 쭈그리고 앉아서 삶의 수레바퀴(불꽃)에 바싹 다가가 붙들고 있는 것이다. 이 악마는 윤회의 괴로움에서 벗어나는 것을 방해하는 인간의 성격을 의인화한 것이다. 북인도에서는 이 난쟁이 대신에 탐욕과 교만을 상징하는 황소가 등장한다.

⑤ 열개(裂開) : 춤의 제왕으로서의 시바신은 무지의 악마를 짓밟은 채 승리자로 춤을 춘다.

시바신은 지혜의 여신 '강가'를 머리카락 사이에 비녀로서 감추고 있다. 왼쪽 손에는 장구를 들고 오른쪽 손에는 횃불을 들고 있다. 그리고 불꽃의 화환에 둘러싸여 있다. 왼손의 장구는 성스러운 옴소리를 상징하며 현상세계 속으로의 절대자의 창조적 현현을 상징한다. 조화로운 춤은 모든 대극성의 합일, 즉 창조와 파괴의 합일, 삶과 죽음의 합일, 물질과 정신의 합일을 상징한다. 오른 손의 불은 윤회하는 우주의 파괴를 상징한다. 춤추는 시바신을 둘러싼 불꽃 광휘는 승리를 나타내며 무지의 베일이 열리는 것을 상징한다. 불꽃은 한편으로는 파괴의 상징이지만 또한 윤회의 수레바퀴 우주적 춤과 놀이의 새로운 창조를 위한 생성의 전제 조건이기도 하다.

나따라자로서의 시바신

춤의 왕 시바신이 몽매함의 악마 아빠쓰마라를 짓밟은 채 여신 강가를 머리카락 사이에 감추고 있다. 왼쪽에는 장구, 오른쪽에는 횃불을 들고 불꽃화환에 둘러싸여 있다. 한쪽 오른손은 수호를 약속하는 포즈로 들려 있고, 다른 왼팔은 코끼리코의 포즈를 보여주고 있다.

다시 말하면, 인간을 윤회의 수레바퀴에 묶는 악마 아빠쓰마라를 정복하면 여신 강가로 상징되는 지혜가 생겨나 해탈의 빛나는 광휘 속에서 무지의 베일이 열린다. 이때 지혜의 빛은 현상세계에서의 승리를, 딴다바의 춤은 해탈의 지복으로 인한 환희를 나타낸다.
  한편 불교적 전통에서 승리자의 의미는 세존께서 깨달음을 이루신 후 깨달은 진리를 설하기를 주저하는 것을 알게 된 범천 싸함빠띠가 부처님께 진리를 설하실 것은 간청하는 대목에 잘 나타나있다. 범천 싸함빠띠는 다음과 같이 간청한다.

    세존이시여, 세상에서 존경받는 님께서는 진리를 가르쳐주십시오. 올바른 길로 잘 가신 님께서는 진리를 가르쳐주십시오. 태어날 때부터 거의 더러움에 물들지 않은 뭇삶들이 있습니다. 그들은 진리를 듣지 못하면 쇠퇴합니다. 진리를 이해하는 자도 있을 것입니다.… 슬픔을 여읜 자께서는 생사에 지배받는 슬픔에 빠진 뭇삶을 보시오. 영웅이여, 전쟁의 승리자여, 일어서십시오. 허물 없는 캐러밴의 지도자여, 세상을 거니십시오. 세존께서는 진리를 설하십시오.

여기서 부처님은 전쟁의 승리자로 묘사되는데, 다른 쌍윳따니까야에서는 부처님 스스로 여덟 가지 성스러운 길을 닦은 이를 전쟁의 승리자라고 말씀하신다.

    아난다여, 이와 같은 여덟 가지 성스러운 길〔八正道〕을 두고 범천의 수레바퀴라고도 하고 가르침의 수레바퀴라고도 하며 위없는 전쟁의 승리자라고도 한다.

여덟 가지 성스러운 길, 즉 팔정도는 올바른 견해, 올바른 사유, 올바른 언어, 올바른 행위, 올바른 생활, 올바른 정진, 올바른 새김, 올바른 집중을 말한다.

아쇼카왕의 석주와 가르침의 수레바퀴

16. 다라 다라 다린드레새바라

dhara dhara dharendreśvara[21)]
다라 다라 다렌드렌슈와라
수호하고 수호하소서, 번개를 수호하는 주님이시여!

베다시대에는 번개의 신을 인드라(Ind- ra)라고 하였다. 본래 유목민이었던 인도아리안은 태양신을 숭배했으나 인더스강 유역에 정착하고 나서는 인드라신을 하느님으로 숭배하게 되었다.

그 지역은 몬순지대로 번개가 치고 나면 많은 비가 내려 비옥한 자연환경을 만들어 수많은 동식물이 번성했다. 따라서 정착하여 농경생활을 시작한 그들에게 번개는 풍요와 생명을 부여하는 힘으로 인식되었던 것이다.

나중에 이 번개의 힘은 비슈누교나 시바교에 흡수되어 그들의 위력을 상징하는 것이 되었다. 또한 시바신과 관련하여 성적인 리비도의 상징물인 링가(根: 남자의 성기)의 위력으로 나타나며, 창조적인 성적 에너

인드라신
신들의 제왕. 중요 부착물로는 금강저와 코끼리조련봉을 갖고 있다. 싸뚜룬자야의 자이나교사원

---

21) dhara : √dhṛ (지니다, 호지하다, 유지하다)의 2인칭 단수 명령형
 dharendreśvara : 번갯불을 호지하는 자 (dhara-indra-īśvara의 복합어)
 dhara : 지니는 / indra : 번개 / īśvara : 임, 주인, 절대자

지를 승화시켜 윤회의 속박을 불태우는 지혜의 빛으로 나타나기도 한다.

이 인드라에서 인드리야(indriya)라는 말이 파생되어 나왔다. 인드리야는 부처님의 가르침에서는 감각능력(根)을 뜻한다. 그것은 우리의 시각능력(眼根), 청각능력(耳根), 후각능력(鼻根), 미각능력(舌根), 촉각능력(身根), 정신능력(意根)으로 윤회의 속박에서 벗어나기 위해 수호해야 할 가장 중요한 것이다. 부처님께서는 이 인드리야를 잘 수호할 것을 항상 강조하셨다.

> 시각능력이나 청각능력이나 후각능력이나 미각능력이나 촉각능력이나 정신능력을 잘 다스려서 수호하지 않으면 곤혹과 고뇌에 가득 찬 번뇌가 생겨날 것이지만, 시각능력을 잘 다스려서 수호하면 곤혹과 고뇌에 가득 찬 번뇌가 생겨나지 않을 것이다.

이 인드리야는 바로 인드라를 어원으로 하며, '인드라에 속한 것'이라는 뜻이다. 따라서 관세음보살이 번개, 즉 인드라를 수호하는 분이라는 것은 이러한 감각능력 및 정신능력의 수호자임을 의미한다. 그렇다면 어떻게 우리는 그러한 감각능력을 수호할까. 『쌍윳따니까야』를 통해 살펴보자.

① 시각(眼 : cakkhu)은 인간의 바다로서 그 거센 물결은 형상으로 이루어진 것이다. 그 형상으로 이루어진 거센 물결을 견디어낸다면 그는 파도와 소용돌이, 상어와 나찰이 많은 시각의 바다를 건너 그것을 뛰어넘어 피안에 도달하여 대지 위에 선 고귀한 자라고 불린다.

② 청각(耳 : sota)은 인간의 바다로서 그 거센 물결은 소리로 이루어진

것이다. 그 소리로 이루어진 거센 물결을 견디어낸다면 그는 파도와 소용돌이, 상어와 나찰이 많은 청각의 바다를 건너 그것을 뛰어넘어 피안에 도달하여 대지 위에 선 고귀한 자라고 불린다.

③ 후각〔鼻 : ghāna〕은 인간의 바다로서 그 거센 물결은 냄새로 이루어진 것이다. 그 냄새로 이루어진 거센 물결을 견디어낸다면 그는 파도와 소용돌이, 상어와 나찰이 많은 후각의 바다를 건너 그것을 뛰어넘어 피안에 도달하여 대지 위에 선 고귀한 자라고 불린다.

④ 미각〔舌 : jihvā〕은 인간의 바다로서 그 거센 물결은 맛으로 이루어진 것이다. 그 맛으로 이루어진 거센 물결을 견디어낸다면 그는 파도와 소용돌이, 상어와 나찰이 많은 미각의 바다를 건너 그것을 뛰어넘어 피안에 도달하여 대지 위에 선 고귀한 자라고 불린다.

⑤ 촉각〔身 : kāya〕은 인간의 바다로서 그 거센 물결은 감촉으로 이루어진 것이다. 그 감촉으로 이루어진 거센 물결을 견디어낸다면 그는 파도와 소용돌이, 상어와 나찰이 많은 촉각의 바다를 건너 그것을 뛰어넘어 피안에 도달하여 대지 위에 선 고귀한 자라고 불린다.

⑥ 정신〔意 : mano〕은 인간의 바다로서 그 거센 물결은 사물로 이루어진 것이다. 그 사물로 이루어진 거센 물결을 견디어낸다면 그는 파도와 소용돌이, 상어와 나찰이 많은 정신의 바다를 건너 그것을 뛰어넘어 피안에 도달하여 대지 위에 선 고귀한 자라고 불린다.

한편, 『여시어경(如是語經)』에 따르면, 파도는 '분노의 번뇌'를 뜻하고 소용돌이는 '다섯 가지의 감각적 쾌락', 즉 오욕락을 뜻한다. 상어와 나찰은 성적인 대상이다. 번개의 수호자라는 것은 형상과 소리와 냄새와 맛과 감촉과 사물로 이루어진 거센 파도가 치는 인간의 바다에서 그 우리의 감각능력과 정신능력을 수호하는 자라는 의미가 된다. 이 가운데 특히 정신능력이 중요한데 거기에는 다섯 가지의 정신 능력(五根 : pañca indriyāni)이 있다. 『쌍윳따니까야』에서는 이 능력을 다음과 같이 말하고 있다.

① 믿음〔信 : saddhā〕의 능력 : '세존께서는 공양 받을 만한 님, 올바로 원만히 깨달은 님, 명지와 덕행을 갖추신 님, 바른 길로 잘 가신 님, 세상을 이해하는 님, 가장 높은 자리에 오르신 님, 사람들을 길들이시는 님, 신들과 인간의 스승이신 님, 깨달은 님, 세상에서 존경받는 님이다'라고 여래의 깨달음을 믿는다.

② 정진〔勤 : viriya〕의 능력 : 악하고 건전하지 못한 법을 버리고 착하고 건전한 법을 갖추어 확고히 정진하여 착하고 건전한 것에 멍에를 지는 것을 마다하지 않으며 노력하고 정진한다.

③ 새김〔念 : sati〕의 능력 : 최상의 분별 있는 사려를 갖추어 오래 전에 행한 일이나 오래 전에 행한 말도 기억하고 상기하며 새김을 실천한다.

④ 집중〔定 : samādhi〕의 능력 : 마음의 대상을 보내버리고 집중을 얻어 마음의 통일을 성취한다.

⑤ 지혜〔慧 : paññā〕의 능력 : 사물의 생성과 소멸에 관한 지혜를 갖추고 성스럽게 꿰뚫어 봄으로써 올바른 괴로움의 소멸로 이끄는 지혜를 갖춘다.

17. 자라 자라 마라 미마라 아마라 몰제

cala cala mala-vimala[22]-amala-mukte[23]
짤라 짤라 말라 비말라 아말라 묵떼
운행하고 운행하소서. 티끌 속에서 티끌을 떠난 님이시여! 청정해탈의 님이시여!

1) 운행하고 운행하소서.
티끌 속에서 티끌을 떠난 님이시여!

티끌 속에서 티끌을 떠난다는 것은 세속의 오염된 진흙탕 속에 있으면서 거기에 물들지 않는 연꽃과 같은 보살의 이념을 상징한다. 관세음보살은 손에 연꽃을 들고 있는 더러움을 여읜 청정〔離垢淸淨〕의 보살이다. 밀교경전인 『이취석(理趣釋)』에는 다음과 같은 구절이 있다.

"관자재 보살은 손에 연화를 갖고 있다. 일체 유정의 몸 속에 여래장 자성청정(如來藏自性淸淨)의 광명이 있어 일체의 번뇌의 때로 더럽히지 않음을 관찰한다. 관세음보살의 가피력으로 더러움은 여읜 청정을 얻은 보살도 마찬가지이다."

여래장 사상에 대해서는 교리적으로 많은 논란이 있지만, 대승불

---

22) cala : √cal(떠나다) 의 이인칭 단수 명령형
23) mala-vimala-amala-mukte
 : mala-vimala-amala-mukti(티끌속에서 티끌을 떠난 청정한 해탈자)의 단수 호격
 mala : 더러움, 티끌 vimala : 깨끗한, 더러움을 떠난
 amala : 청정한, 무구한 mukti : 자유, 해탈

교의 여래장 사상에서는 티끌 속에서 티끌을 떠난 관세음보살은 뭇 삶들이 갖고 있는 여래장자성청정의 광명이 있음을 관찰한다고 한다. 여래장이란 '따타가따가르바(tathāgatagarbha)', 즉 여래의 태궁(如來의 胎宮)이란 의미로 중생이 부처가 될 수 있는 본래 청정한 마음[自性淸淨心]을 말한다.

진흙탕 속에서도 그 흙탕물에 물들지 않는 관세음의 연꽃은 곧 여래의 태궁에 있는 자성청정의 바다를 상징한다. 그 바다에서 들려오는 해조음(海潮音)인 옴-소리는 모든 번뇌의 티끌을 제거해 준다.

2) 청정한 해탈의 님이시여

해탈은 인도인들의 세 가지 삶의 테마 가운데 궁극적인 것이며, 불교도들의 궁극적인 목표이다. 관세음의 해조음은 탐·진·치의 모든 번뇌에서 벗어나 전 우주에 울려퍼지는 청정한 해탈의 복음(福音)이다.

관세음이 화현한 인도 최고신들의 가르침에 따르면, 오염된 윤회의 고통에서 해탈하려면 세 가지의 길을 실천해야 한다.

① 행위의 길(karma-mārga) : 선업의 수행이나 의례를 통해서 해탈하는 길
② 사랑의 길(bhakti-mārga) : 신에 대한 믿음과 사랑을 통해 해탈하는 길
③ 지혜의 길(jñāna-mārga) : 지식과 지혜를 통해 해탈하는 길

불교의 경전도 해탈의 길로 유사하게 계정혜(戒定慧)의 삼학이라는 세 가지 길을 제시하고 있다.

① 정의의 길(戒 : sīla) : 올바른 언어, 올바른 행위, 올바른 생활
② 명상의 길(定 : samādhi) : 올바른 정진, 올바른 마음새김, 올바른 삼매
③ 지혜의 길(慧 : paññā) : 올바른 견해, 올바른 사유

이 세 가지의 길은 다시 세부적으로 여덟 가지로 나뉘는데 그것들을 팔정도(八正道)라고 한다. 그런데 팔정도 즉 여덟 가지의 성스러운 길(八聖道)을 중심으로 부처님의 가르침을 기술하면 그 순서가 다음과 같다.

① 올바른 견해(正見 sammādiṭṭhi) : 지혜의 길로 세상의 1. 괴로움과 2. 괴로움의 발생, 3. 괴로움의 소멸과 4. 괴로움의 소멸에 이르는 길에 대해 이해와 심오한 통찰을 갖는 것이다.

② 올바른 사유(正思惟 sammāsaṅkappo) : 지혜의 길로 올바른 견해를 바탕으로 1. 욕망을 여읜 사유, 2. 분노를 여읜 사유, 3. 폭력을 여읜 사유를 하고 나아가서는 자비에 바탕을 둔 사유를 전개하는 것이다.

③ 올바른 언어(正語 sammāvācā) : 정의의 길로 올바른 사유에 바탕을 두고 1. 거짓말을 하지 않고 나아가서 진실을 말하고 2. 이간질을 하지 않고 나아가서 화합을 도모하고 3. 추악한 말을 하지 않고 나아가서 상냥한 말을 하고 4. 쓸데없는 말을 하지 않고 나아가서 의미있고 조리있게 말하는 것이다.

④ 올바른 행위(正行 sammākammanto) : 정의의 길로 올바른 사유에

바탕을 두고 1. 생명을 죽이지 말고 나아가서는 모든 생명을 외경하고, 2. 주어지지 않은 것을 빼앗지 말고 나아가서는 남의 재산을 존중하고 남에게 베풀고, 3. 사랑을 나눔에 잘못을 범하지 않고 나아가서는 청정한 삶을 사는 것이다.

⑤ 올바른 생활(正命 sammā-ājīvo) : 정의의 길로 부끄러움이 없이 철면피하고 무례하고 대담하고 죄악에 오염된 사람의 생활을 피하고 부끄러움이 있고 항상 깨끗함을 구하고 집착 없이 겸손한 청정한 생활을 영위하는 것이다.

⑥ 올바른 정진(正精進 sammāvāyāmo) : 명상의 길로, 1. 아직 생겨나지 않은 악하고 불건전한 것이 생겨나지 않도록, 2. 이미 생겨난 악한 불건전한 상태들이 제거되도록, 3. 아직 일어나지 않은 선하고 건전한 상태가 생겨나도록, 4. 이미 일어난 선하고 건전한 상태를 유지하기 위하여 의욕을 생겨나게 하고 노력하고 정근하고 마음을 책려하고 정진하는 것이다.

⑦ 올바른 새김(正念 sammāsati) : 명상의 길로 가르침에 입각한 올바른 도덕적 관계로 열려진 마음을 통해 고요하고 민첩하게 현존하는 대상을 지각하는 것이다. 그때 모든 판단적인 사유나 해석적인 숙고는 인지되자마자 버려진다. 마음은 확고하게 지금 여기에 있어야 한다.

⑧ 올바른 집중(正定 sammāsamādhi) : 명상의 길로 마음의 멈춤(止 : samatha)과 대상의 관찰(觀 : vipassanā)이라는 두 가지 계기를 갖고 보다 높은 선정의 단계를 점차적으로 성취해 가는 것이다.

부처님께서 45년간 설하신 모든 가르침은 이 여덟 가지의 성스러운 길을 상대방의 이해력과 수행의 정도에 따라 여러 가지 형태로 설한 것이다.

그런데 계행 → 집중→ 지혜로 이어지는 세 가지 배움의 계기가 여덟 가지 수행의 순서는 어떤 관계가 있는 것일까. 지혜에는 올바른 견해와 올바른 사유가 수반되며 세 가지 배움의 최종단계이다. 그런데 여덟 가지 성스러운 길에서는 올바른 견해와 올바른 사유가 최초의 두 단계에 놓여 있다. 이러한 구성에는 세심한 논리적 숙고가 있다. 『디가니까야』에서는 지혜와 정의의 관계에 대해서 다음과 같이 말하고 있다.

손으로 손을, 발로 발을 씻는 것처럼 지혜의 길은 정의의 길을 통해 씻겨지고 정의의 길은 지혜의 길을 통해 씻겨진다.

올바른 견해와 올바른 사유는 성스러운 길을 닦기 위한 수행의 출발임과 동시에 수행을 통해 완성되는 궁극적인 지혜이다. 굳이 구분하면 궁극적인 지혜는 올바른 견해와 올바른 사유의 완성이다. 이러할 때 여덟 가지 성스러운 길은 직선의 길이 아니라 수레바퀴와 같은 길이며 올바른 견해는 출발점이자 종착점인 것을 알 수 있다.

여덟 가지 성스러운 길의 각 항목의 상호관계들도 마찬가지이다. 이 말이 먼저 어느 하나를 닦고 반드시 다음 길을 수행해야 한다는 것은 아니다. 각 단계의 길을 수행하고자 하면 당연하게 그 전 단계의 길이 수반되기 때문이다. 이런 방식으로 각 단계의 수행은 연결되어 서로 돕는다. 그래서 부처님은 경전의 어느 곳에서나 어김없이 위와 같은 순서로 설법을 하셨던 것이다.

이상에서 살펴본 바와 같이 힌두교의 해탈의 길과 불교의 해탈의 길은 다르게 표현되지만 이 천수다라니에서는 결국 힌두교의 문화를 통해 부처님의 가르침을 드러내고 있다. 힌두교에서의 '행위의 길'은 불교에서의 '정의의 길'이며, '지혜의 길'은 서로 일치한다. 또한 힌두교에서 말하는 '사랑의 길'은 절대적인 신에 대한 헌신의 길이며, 그를 통해 절대자의 사랑과 하나가 되는 삼매를 경험한다. 불교에서 '명상의 길'은 정진, 새김, 집중을 통해 보편적인 자비심으로 자신을 가득 채우는 길이다.

관세음의 세계에서는 이러한 사랑의 길과 명상의 길이 잘 조화를 이루고 있다. 관세음 신앙은 사랑의 길과 명상의 길을 통해 해탈을 추구하는 경향이 그 어떤 신앙보다 강하게 드러난다.

18. 예혜혜 로게새바라

ehyehi lokeśvara[24]
에히 에히 로께슈와라
오소서, 오소서. 세계의 주님이시여

 '세계를 주재하는 님'은 로케슈와라(lokeśvara)를 번역한 말이다. 이 말은 로카-이슈와라(loka-īśvara)에서 나온 것으로 '세상의 최상의 지배자'란 뜻이다. 관세음은 최상의 지배자로서 세상의 주님이다. 그 뿐만 아니라 이 절대자는 관음여래로서 깨달음의 존재이기도 하다. 인도에서 브라흐마신, 비슈누신이나 시바신은 절대신으로서 '스스로 존재하는 자(svayambhu)'로서 '주님' 또는 '위대한 주님'으로 불리는데, 다라니에서 이들은 관세음의 화현으로 나온다.

 그러면 세계란 어떤 세계를 말하는 것일까.
 불교에서 말하는 세계는 탐·진·치 삼독으로 물든 윤회의 세계이다. 그리고 부처님은 탐욕과 분노와 어리석음을 정복한 자로서 세계의 탐욕과 성냄과 어리석음을 다스리는 세상의 주재자이다. 관세음보살의 대자비도 이 탐욕과 분노와 어리석음을 정복하고 성취한 지혜에서 나온 것이다. 그래서 다라니의 다음 구절에서는 탐욕과 성냄과 어리석음을 없애게 해달라는 진언이 이어진다.

---

24) ehyehi : ehi + ehi 에서 i+e 가 ye가 된 것임. ehi : 오십시오. 「ā + √i (가까이 오다)의 이인칭 단수 명령형」 ā + ihi → ehi가 됨(싼디법칙)
　　lokeśvara : loka īśvara (세계를 주재하는 님)

앙코르의 미소 관세음보살상 / 앙코르 톰

19. 라아 미사미 나사야

raga-viṣaṁ vināśāya[25]
라가 비샹 비나샤야
탐욕의 독을 없애 주소서

시바신이 태초의 바다에 혼돈의 뱀 바쑤키가 만들어낸 독을 삼켰듯이 윤회의 바다에서 중생들의 탐욕과 성냄과 어리석음의 독을 없애달라고 기원하는 것이다.

인도의 비슈누신화에는 강가에서 악어에게 사로잡힌 코끼리가 있었는데, 비슈누신이 태양조(太陽鳥) 가루다를 타고 나타나 원반을 던져 악어를 죽이고 그 코끼리를 구원하는 내용이 있다. 여기서 강은 윤회의 세계를, 악어는 감각적 쾌락의 욕망을, 코끼리는 인간의 영혼을 상징한다. 또 비슈누의 원반은 진리의 수레를 뜻한다.

가젠드라 모끄샤
인간의 영혼의 화현인 코끼리가 물질적·감각적인 충동을 상징하는 악어에게 사로잡힌 모습

---

25) rāga-viṣaṁ : rāga-viṣa (탐욕의 독)의 단수 목적격
   rāga : 탐욕 / viṣa : 독(毒)
   vināśaya : 완전히 사라지게 하십시오. vi √naś(사라지다)의 caus vināśayati(완전히 사라지게하다)의 이인칭 단수 명령형

관세음보살은 세계의 주재자로서 감각적 쾌락의 욕망을 다스려서 탐욕과 성냄과 어리석음의 삼독(三毒)을 없애주는 분이다. 그런데 왜 감각적 쾌락의 욕망이 다스려져야 하는가. 그것은 곧 감각적 쾌락에 대한 욕망과 집착이 윤회의 뿌리이기 때문이다. 부처님의 가르침에 따르면, 감각적 쾌락의 욕망은 '이것은 나의 것이고, 나야말로 이것이고, 이것이 나의 자아이다.'라는 소유의식에서 생겨난다. 이 소유의식에 의해 존재와 시간이 나타나며, 이 존재와 시간이 바로 윤회의 바다인 것이다. 따라서 이 소유의식을 버리는 것, 즉 탐냄과 성냄과 어리석음의 뿌리를 잘라내면 더 이상 윤회의 바다를 떠돌지 않게 되는 것이다.

모든 감각적 쾌락의 욕망 가운데서도 음욕은 가장 극복하기 어려운 것이다. 그래서 많은 경전에서 음욕을 탐·진·치의 대표적인 것으로 꼽고 있으며 『관음경』(觀音經)에서도 음욕이 많을 때 관세음을 마음에 새기라고 권하고 있다.

"만일 뭇삶이 있어 음욕이 많더라도 언제나 관세음보살을 마음에 새겨 공경하면 곧 욕심을 떠나게 된다(若有衆生 多於淫欲 常念恭敬 觀世音菩薩 便得離欲)"

초기불교에서는 탐욕을 여읜 사유야말로 올바른 사유라고 거듭 강조하고 있다. 관세음보살의 자비로운 마음은 감각적 쾌락의 욕망을 여읜 올바른 사유에서 완성된 것이며, 올바른 사유를 하게 되면 우리도 관세음보살의 대자비심과 하나가 되어 윤회의 바다에서 벗어날 수 있다.

20. 나베사 미사미 나사야

dveṣa-viṣaṁ vināśaya[26]
드웨사 비샹 비나샤야
분노의 독을 없애 주소서

우리 선조들은 옛부터 참을 인(忍) 자를 써서 방에다 붙여두고 틈이 나는 대로 그 뜻을 새겼다고 한다. 그것은 무조건 분노에 지배되지 않기 위한 방편이었다. 화가 나는 일이 있어 칼이나 무기를 꺼낼 때 치솟던 분노의 감정이 그 글자를 새기는 순간 누그러질 수 있기 때문이었다.

『관음경』에서는 마음에 분노가 많을 때에도 관세음을 마음에 새기라고 설하고 있다.

> 만일 분노가 많더라도 언제나 관세음보살을 마음에 새겨 공경하면 곧 분노를 떠나게 된다(若多瞋恚 常念恭敬 觀世音菩薩 便得離瞋).

분노는 이미 우리의 탐욕을 수반하고 있다. 분노는 그것이 개인적인 것이든 사회적인 것이든 대부분 욕망의 좌절에서 온다. 무엇인가 자신이 뜻한 바대로 되어주지 않아서 생기는 것이다.

---

[26] dveṣa : 성냄, 진에(瞋恚), 진심(瞋心)
viṣa : 독(毒)
vināśaya : 완전히 사라지게 하십시오, vi-√naś(사라지다)의 caus. vināśayati(완전히 사라지게하다)의 이인칭 단수 명령형.

그러나 분노는 한편으로 이러한 욕망의 좌절을 넘어서 그 자체로 쾌락의 성질을 갖고 있기도 하다. 분통을 터뜨렸을 때의 우리 마음을 자세히 들여다보면 쾌락이 숨어 있음을 볼 수 있을 것이다. 그래서 부처님께서는 『쌍윳따니까야』에서 분노가 가진 이런 측면까지 꿰뚫어보고 "분노는 꼭지에는 꿀이 달리고 뿌리에는 독이 있는 나무와 같다."는 가르침을 주었다. 부처님은 또 분노하지 않는 것의 공덕에 대해서도 『쌍윳따니까야』에서 다음과 같이 말씀하셨다.

"분노하지 않는 자, 길들여진 자,
올바로 사는 자, 올바른 지혜로 해탈한 자,
고요한 그와 같은 자에게
어떻게 분노가 생겨나겠는가.

미워하는 자를 다시 미워하는 자는
더욱 악한 자가 될 뿐이다.
분노하는 자에게 다시 분노하지 않는 것은
이기기 어려운 싸움에서 승리하는 것이다.

다른 사람이 분노하는 것을 알고도
깊이 새겨 마음을 고요히 한다면
나뿐만이 아니라 남을 위하고
나와 남 둘 다를 위하는 것이다.

자기 자신과 다른 사람
모두를 치료하는 사람을
가르침을 모르는 자들은
어리석은 사람이라고 생각한다.

불교에서는 앞서 말한 탐욕을 여읜 사유와 마찬가지로 분노를 여읜 사유가 올바른 사유라고 강조한다. 관세음보살의 자비로운 마음 역시 분노를 여읜 올바른 사유에서 완성된 것이며, 올바른 사유를 하게 되면 우리도 관세음보살의 대자비심과 하나가 되어 윤회의 바다에서 벗어날 수 있다.

태양에 반사된 앙코르의 미소 / 앙코르 톰

21. 모하 자라 미사미 나사야

moha-jāla-viṣaṁ vināśaya[27]
모하 잘라 비샹 비나샤야
어리석음으로 얽힌 독을 없애 주소서

원래 불교에서 어리석음이란 무명(無明)을 그 뿌리로 하는 것이다. 무명은 무지(無知)인데, 무지한 자는 자신이 무지하다는 사실조차 모르기 때문에 그 실존적인 무지를 '어리석어 캄캄한 어둠〔痴闇無明〕'이라고 한다. 그것은 인과적인 조건을 성찰하지 못하는 연기법에 대한 무지를 뜻한다.

초기경전인『쌍윳따니까야』「무명의 품」은 부처님과 제자들, 그리고 제자들간의 문답으로 이루어져 있다. 여기서는 특히 다섯 가지 존재의 다발이 어떻게 생겨나고 소멸하는지에 대해 알지 못하는 것을 무명이라고 한다.

이와 같이 나는 들었다. 한때 세존께서 싸밧티의 제따바나에 있는 아나타삔디까 승원에 계셨다. 그때 어떤 수행승이 세존께서 계신 곳으로 찾아왔다. 가까이 다가와서 세존께 인사를 드리고 한쪽으로 물러앉았다. 한쪽으로 물러앉은 그 수행승은 세존께 이와 같이 말했다.

---

27) moha : 어리석음, 치암
 viṣa : 독(毒) jāla : 그물
 vināśaya : 완전히 사라지게 하십시오, vi-√naś(사라지다)의 caus. vināśayati(완전히 사라지게하다)의 이인칭 단수 명령형

"세존이시여, 무명, 무명이라고 하는데 세존이시여, 무명은 어떠한 것이고 어떤 점에서 무명에 빠진 자가 됩니까?"
"수행승이여, 이 세상에 배우지 못한 범부는 '물질이 생겨나면 물질이 생겨나는 것이다.'라고 있는 그대로 알지 못하고 '물질이 소멸하면 물질이 소멸하는 것이다.'라고 있는 그대로 알지 못하고 '물질이 생겨나고 소멸하면 물질이 생겨나고 소멸하는 것이다.'라고 있는 그대로 알지 못한다.

수행승이여, 이 세상에 배우지 못한 범부는 '감수가 생겨나면 감수가 생겨나는 것이다.'라고 있는 그대로 알지 못하고 '감수가 소멸하면 감수가 소멸하는 것이다.'라고 있는 그대로 알지 못하고 '감수가 생겨나고 소멸하면 감수가 생겨나고 소멸하는 것이다.'라고 있는 그대로 알지 못한다.

수행승이여, 이 세상에 배우지 못한 범부는 '지각이 생겨나면 지각이 생겨나는 것이다.'라고 있는 그대로 알지 못하고 '지각이 소멸하면 지각이 소멸하는 것이다.'라고 있는 그대로 알지 못하고 '지각이 생겨나고 소멸하면 지각이 생겨나고 소멸하는 것이다.'라고 있는 그대로 알지 못한다.

수행승이여, 이 세상에 배우지 못한 범부는 '형성이 생겨나면 형성이 생겨나는 것이다.'라고 있는 그대로 알지 못하고 '형성이 소멸하면 형성이 소멸하는 것이다.'라고 있는 그대로 알지 못하고 '형성이 생겨나고 소멸하면 형성이 생겨나고 소멸하는 것이다.'라고 있는 그대로 알지 못한다.

수행승이여, 이 세상에 배우지 못한 범부는 '의식이 생겨나면 의식이 생겨나는 것이다.'라고 있는 그대로 알지 못하고 '의식이 소멸하면 의식이 소멸하는 것이다.'라고 있는 그대로 알지 못하고 '의식이 생겨나고 소멸하면 의식이 생겨나고 소멸하는 것이다.'라고 있는 그대로 알지 못한다.
　수행승이여, 이것을 무명이라고 부르고 이렇게 무명에 빠진 자가 된다."

이러한 무명 때문에 있는 그대로 보지 못하고 나라는 것에 집착하게 된다. 이 집착은 모든 번뇌의 뿌리가 된다. 『쌍윳따니까야』의 다른 곳에서도 부처님은 다음과 같이 말씀하신다.

　정신이 있고 사물이 있고 무명의 세계가 있다. 배우지 못한 범부는 무명에 촉발된 정신에 의해서 '나는 있다'라고 생각하며, '이것이 나이다'라고 생각한다. '나는 있을 것이다'라고 생각하며, '나는 있지 않을 것이다'라고 생각한다. '나는 물질적인 것일 것이다'라고 생각하며, '나는 비물질적인 것일 것이다'라고 생각한다. '나는 지각을 지닌 것이다'라고 생각하고 '나는 지각을 지니지 않은 것이다'라고 생각하며, '나는 지각하거나 지각하지 않는 것도 아니다'라고 생각한다.

이러한 캄캄한 무명의 어리석음은 단순히 지식이 많다고 해서 벗어날 수 있는 것이 아니다. 끊임 없는 성찰과 수행이 필요한 것이다.

『관음경』에 의하면 어리석음이 많을 때도 관세음을 마음에 새길 것을 권하고 있다.

　"만일 어리석음이 많더라도 언제나 관세음보살을 마음에 새겨 공경하면 곧 어리석음을 떠나게 된다.(若多愚癡 常念恭敬 觀世音菩薩 便得離癡)"

관세음보살의 대자비는 어리석음을 벗어난 지혜의 빛으로 완성된 것이다. 또한 자비심이 깊을 수록 어리석음은 소멸되고 지혜는 빛을 발한다. 관세음보살을 마음에 새기는 이에게는 지혜가 성취될 것이다. 지혜의 빛은 사물을 있는 그대로 비추어 보는 여실지견(如實知見)의 힘이다. 사물을 있는 그대로 본다는 것은 쉬운 것 같지만 매우 어려운 일이다.

어머니는 자기 아이가 울고 보채면 그 원인을 찾아 고심하게 되고 거의 직관적으로 아이가 울게 된 원인을 알게 된다. 그러나 그 아이가 남의 자식일 경우에는 그러한 원인에 대한 탐구는 제쳐두고 저 아이는 특별히 신경질적이라고 규정해 버리기 십상이다. 제 자식이 대소변을 보면 기꺼이 부리나케 기저귀를 갈아 채워주는 어머니가, 남의 자식이 되고 보면 그렇지가 못하다. 오만상을 찌푸리던가, 쯧쯧쯧 하고 혀를 차거나, 코를 틀어막으며 울상을 짓는 것이 보통이다. 같은 대소변이라도 그만큼 다른 것이다. 그만큼 사물을 있는 그대로 보는 것은 평범한 우리에게는 쉬운 일이 아니다.

그래서 부처님은 「자애경」에서 "어머니가 하나뿐인 외아들을 사랑하듯이 뭇삶들을 사랑하라."고 하신 것이다. 관세음보살은 바로 그러한 대자비를 성취하신 분이다.

이상에서 살펴본 바와 같이 『신묘장구대다라니』는 힌두적인 많은 요소들을 포함하고 있으면서도 불교의 핵심적인 가르침인 자비를 통해서 탐욕과 분노와 어리석음 즉 탐·진·치의 제거를 일관되게 가르치고 있다.

부처님은 『쌍윳따니까야』에서 우리가 너무 오랜 세월 탐욕과 분노와 어리석음에 물들었음으로 반복해서 자신의 마음을 관찰할 것을 가르치신다.

수행승들이여, 그대들은 반복해서 자신의 마음을 이와 같이 '오랜 세월 동안 이 마음은 탐욕과 성냄과 어리석음으로 물들어 왔다.'라고 관찰해야 한다. 수행승들이여, 마음이 오염되므로 뭇삶이 오염되고 마음이 청정해지는 까닭으로 뭇삶이 청정해진다.

관세음보살은 끊임 없는 관찰의 힘으로 그러한 탐·진·치로 물든 윤회의 사슬을 끊으신 분으로서 찬탄되는 것이다.

22. 호로 호로 마라 호로 하례 바나마 나바

hulu hulu[28] malla[29] hulu hulu hare[30] padma nābha[31]
훌루 훌루 말라 훌루 훌루 하레 빠드마나바
아아! 님이시여! 오오! 주님이시여! 단전에서 연꽃이 피어나는 님이시여!

1) 아! 아! 님이시여!
오! 오! 주님이시여!

'훌루 훌루'는 기뻐하는 소리이며, '하레'는 우주의 주재자를 부르는 '하리' 또는 '하라'의 감탄사로 관세음보살에 대한 찬탄이다. 탐욕·분노·어리석음을 정복하고 청정해져서 그 세계를 온전히 다스리는 분에게 드리는 찬탄인 것이다.

인도학자 로케쉬 찬드라에 의하면, '말라'는, ≪마하바라타≫에 나오는 비슈누의 화신 나라야나〔那羅延天〕를 지칭한다고 한다. 이 나라야나 신화는 다음에 나오는 '단전에서 연꽃이 피어나는 님'의 신화와 동일한 맥락에 있다.

나라야나 신은 인도신화에서 가장 아름답게 표현되는 신이기도 하다. 그는 영원한 인간이자 창조주로서의 비슈누신의 화현이다. 그는 우주적인 에너지를 상징하는 무한뱀 위에서 쉬는 자이다. 그는 우주

---

28) hulu hulu   아아! 오오!, 기뻐서 환호하는 소리
29) malla : '님'의 단수 호격. ≪마하바라타≫에서는 절대신 비슈누-나라야나를 부를 때 사용한다.
30) hare : 최고신 '하리'를 부르는 감탄사(hari 또는 hara의 단수 호격)
31) padma nābha : 배꼽에서 연꽃이 피어나는 님〔生蓮華臍尊〕
    padma : 연꽃 / nābha : 배꼽, 단전(丹田)

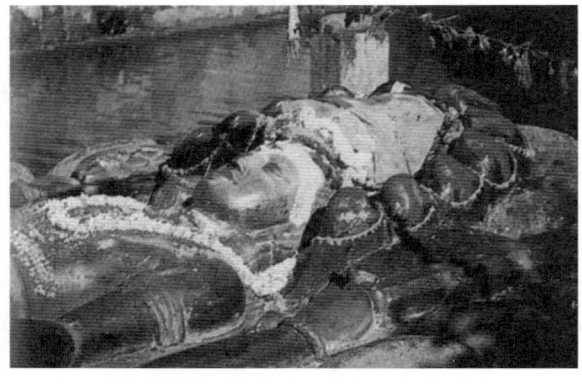

나라야나 아난싸샤이

무한뱀
인간으로서의 비슈누신

비슈누신

우주적인 무한뱀
위에서 휴식하고 있는
비슈누신의 배꼽에서 피어
난 연꽃 위에
창조주
브라흐마신이 있다.

적인 바다에서 무한뱀이라는 침대에 누워서 깊은 명상에 잠긴 채 우주의 파괴와 생성 사이의 기간에 잠을 자면서 쉬고 있다. 그는 잠을 자지 않을 때는 옴 소리를 상징하는 소라고동과 우주의 질서를 상징하는 수레바퀴를 들고 무한뱀 위에 앉아 있다.

2) 단전에서 연꽃이 피어나는 님이란

연꽃은 창조주의 상징물로 인도의 고대문화에서부터 자주 사용되어 왔다. 베다시대에는 영원히 죽지 않는 태양의 세계로 인도하는 제사를 지낼 때에 연꽃 위에 사자의 시신이나 인형을 놓고 화장했다. 이때 연꽃은 곧 그 밑에 물이 있다는 사실을 드러내므로 못이나 바다를 상징한다. 그 바다는 성스러운 성음의 진동파가 해조음으로 다가오는 그러한 바다를 의미한다. 인도의 고대인들은 사자의 시신이 창조의 바다로 다시 돌아가서 불사(不死)의 태양계에 거듭나길 열망했던 것이다.

그래서 힌두교에서는 연꽃은 새로운 창조와 관계되며, 그것이 창조주와 결합할 때는 절대자의 최초의 자기현시로 나타난다. 비슈누신은 원래 창조-유지-파괴의 우주의 삼박자 리듬에서 유지를 상징하는 신이지만, 유지는 창조와 파괴의 종합이므로 절대신의 지위에 올라 창조주로서의 역할을 담당한다.

무한 뱀 위에서 쉬고 있는 비슈누-나라야나 신은 창조주로서 창조를 상징하는 바다의 푸른 색깔을 하고

비슈누신
우주적인 무한뱀 위에서 휴식하고 있는 비슈누신의 배꼽에서 피어난 연꽃 위에 창조주 브라흐마신이 있다. 앙코르 반티아이삼레 사원

있다. 그의 단전에서 한줄기의 연꽃이 솟아오르고 있다. 연꽃 위에 네 개의 머리를 한 창조주 브라흐마신이 앉아 있다. 창조신은 비슈누-나라야나의 부탁을 받고 새로운 우주기를 열어 세계를 창조한다.

이 단전은 여성에 비유하면 자궁에 해당한다. 자궁은 생명을 잉태하는 곳이다. 이 창조주의 우주적인 태궁(胎宮)에서 솟아오른 연꽃이야말로 창조주의 자기현시를 상징한다. 이러한 연꽃은 힌두교도들의 삶의 두 번째 목표인 사랑의 성취와 관계되어 있다.

창조주의 네 개의 머리는 네 가지의 신적인 계시를 모아놓은 성전인 베다, 시간적으로는 사우주기(四宇宙期), 공간적으로는 사방(四方)을 나타낸다. 그러나 인도에서 브라흐마신은 창조주로서 창조가 끝나면 별 할 일이 없기 때문에 결국에는 비슈누신이나 신바신에게 절대자의 자리를 내주게 된다.

인도 라자스탄에는 뿌쉬까르 호수가 있다. 이 호수는 브라흐마 신의 손에서 세 장의 연꽃잎이 떨어지자 원래 사막의 건조지대였던 곳에서 물이 솟아올라 생긴 것이라는 아름다운 전설을 갖고 있다. 이처럼 연꽃은 생명의 탄생의 신비와 관계된 것이다.

그러나 북방불교에 와서 발견되는 관세음의 신상은 이러한 비슈누적인 관세음보다 발전된 형태로 나타난다. 북방불교에서 연꽃을 손에 든 네 가지 유형의 관세음을 수행적 단계로 분류해보자.

① 참룡관음(摲龍觀音) : 관세음보살이 창조적인 에너지로 상징되는 용〔뱀〕의 머리를 자르는 모습이다. 이것은 창조적 에너지를 완전히 극복하고 승화시켜 대자비의 바다로 나아간 것을 나타낸다. 힌두교에도 사랑의 신 까마를 지혜의 눈으로 태워서 재로 만드는 신상이 있는데, 이는 참룡관음과 유사한 의미를 지닌다.

22. 호로 호로 마라 호로 하례 바나마 나바 149

사랑의 신 까마
베다시대엔 현상세계로의 전개를 위한 충동적인 힘인 탐욕을 상징했다. 후에 인도의 에로스요 큐피트가 되었다. 까마신은 시바와 빠르바띠를 맺어주려고 고행 중인 시바신에게 사랑의 화살을 날렸다가 분노한 시바신에게 죽임을 당했다. 그 후 크리슈나의 아들로 태어나 영원한 사랑의 신으로 남게 되었다.

② 기룡관음(騎龍觀音) : 관세음보살이 용을 타고 하늘을 나는 모습이다. 이것은 창조적 에너지를 완전히 극복하여 지혜의 힘으로 전화시켜 자유롭게 용을 타고 세상을 노니는 것을 상징한다. 불교적으로 볼 때 창조를 극복 소멸시킴으로서 파괴도 소멸된 불생불멸의 세계가 현전된 것이다.

③ 감로관음(甘露觀音) : 용을 타고 하늘을 나는 관세음보살이 손으로 중생에게 나누어 줄 감로수를 담은 감로병을 들고 있다. 지혜의 힘을 이타적으로 실천하는 자비로운 보살의 경지를 나타낸 것이다. 관세음의 넘쳐나는 지복의 진동파가 자비의 손이 되어 중생들에게 감로의 법을 전하는 것을 상징화하고 있다.

④ 연화관음(蓮華觀音) : 관세음보살이 올바로 원만히 깨달은 여래가 되어 연화대 위에 앉아 있는 모습이다. 자비의 이타적 보살행을 완성하여 궁극적인 깨달음에 도달한 것이다.

위와 같은 네 종류의 관음상에서 관세음보살은 모두 손에 연꽃을 들고 있다. 진흙탕에서 피어나는 연꽃은 불교의 정신을 상징하는 것임을 누구나 다 알고 있는 바이지만, 관세음보살에 관련되어 더욱 구체적인 자비행으로 특별한 의미를 갖는다.

연화수관세음

AD. 6세기에 안잔타석굴에 그려진 빠드마빠니(蓮華手) 보살은 고구려 담징이 그렸다는 일본 법륭사의 금당벽화와 흡사하다.

인도 / 아잔타 석굴

연꽃은 진흙탕에 뿌리를 두고 있지만 그 진흙탕에 물들지 않는 것은 사바세계에 물들지 않는 관세음의 지혜를, 연꽃이 진흙탕을 버리지 않고 거기에 뿌리를 두고 잇다는 것은 사바세계를 버리지 않는 관세음의 자비를 상징한다.

23. 사라 사라 시리 시리 소로 소로 못자 못자 모다야 모다야

sara sara siri siri sru sru³²⁾ budhyā budhyā bodhaya bodhaya³³⁾
싸라 싸라 씨리 씨리 쓰루 쓰루 부디야 부디야 보다야 보다야
물은 흐르고 또 흐르니, 깨달음으로 깨달음으로, 깨닫고 또 깨닫게 하소서!

싸라쓰와띠
비파를 든 학문과 예술의 여신.
베를린 인도예술박물관

1) 사라사라 시리시리 소로소로

'싸라 싸라 씨리 씨리 쓰루 쓰루'는 모두 의태어로 물이 솟아오르거나 흘러가는 모습을 표현한 것이다. '흐르다(√sar)'는 동사에서 파생된 것이다.

이것은 '옴'이라는 생성-유지-파괴의 우주적인 진동파의 흐름을 보다 동적으로 표현한 것이다.

이 물이 흘러가는 모습은 힌두교에서는 지혜의 여신인 싸라쓰와띠로 형상화되기도 한다. 다시말해서 그녀는 지혜를 상징하는 물의 여신으로서 학문과 예술의 여신이기도 하고, 윤회의 속박에서 영혼을 해탈의 길로 인도한다.

---

32) sara sara siri siri sru sru : 쑤슈르따(Suśruta)에 의하면(의태어로 물이 솟아나오거나 흐르는 소리로 모두 √sr, √sru '흐르다'는 동사에서 파생된 것이다)
  sara : 유동하는 모습 / siri : 좌우로 움직임 / sru : 샘솟는 모습
33) budhyā : 깨달음으로 (budhi의 단수 구격), budhya : 깨닫고 나서
  bodhaya : 깨닫게 하십시오.(√budh caus. bodhayati 깨닫게하다의 이인칭 단수 명령형)

이것은 무상하고 괴롭고 실체가 없는〔無常, 苦, 無我〕 연기의 세계, 시작도 없고 끝도 없는 윤회의 세계를 단적으로 물의 흘러감에 비유한 것이다. 『쌍윳따까야』를 보면, 그 세계를 부처님은 다음과 같이 표현한다.

> 마치 무거운 빗방울이 산 위에 떨어질 때 물이 밑으로 흘러서 산의 계곡, 협곡, 지류를 이루는 것과 같고, 산의 협곡, 계곡, 지류를 이루고 다시 작은 못을 이루는 것과 같으며, 작은 못을 이루고 다시 큰 못을 이루는 것과 같고, 큰 못을 이루고 다시 작은 강을 이루는 것과 같으며, 작은 강을 이루고 다시 큰 강을 이루는 것과 같고, 큰 강을 이루고 다시 큰바다, 대양을 이루는 것과 같다.

여기서 무거운 빗방울은 무명을 말하는데, 이 무명으로 말미암아 바다와 같은 윤회의 세계가 펼쳐진다는 것이다. 부처님께서는 이 물의 비유를 십이연기(十二緣起)를 설명하시면서 사용하셨다. 위의 물의 비유와 십이연기를 비교하면서 읽어보도록 하자.

> 연기라는 것은 무엇인가? 무명〔無明〕을 조건으로 형성〔行〕이 생겨나고 형성을 조건으로 의식〔識〕이 생겨나고 의식을 조건으로 명색〔名色〕이 생겨나고 명색을 조건으로 여섯 감역〔六入〕이 생겨나고 여섯 감역을 조건으로 접촉〔觸〕이 생겨나고 접촉을 조건으로 감수〔受〕가 생겨나고 감수를 조건으로 갈애〔愛〕가 생겨나고 갈애를 조건으로 취착이 생겨나고 취착〔取〕을 조건으로 존재〔有〕가 생겨나고 존재를 조건으로 태어남〔生〕이 생겨나고 태어남을 조건으로 늙고 죽음, 우울, 슬픔, 불안, 불쾌, 절망〔老病死憂悲苦惱〕이 생겨난다. 이와 같이 모든 괴로움의 요소들이 생겨난다.

이렇게 무명에서 연원하는 강물은 흘러서 생노병사의 윤회의 바다로 들어간다. 우리가 이러한 과정을 알아채고 새기는 것만으로도 우리는 깨달음의 세계로 인도된다.

2) 깨달음으로 깨달음으로
우리를 깨닫고 깨닫게 하소서

깨달음을 성취하고 중생들을 윤회의 바다에서 깨달음으로 인도하는 관세음의 대자비를 실현하는 분이 준제관음(准提觀音)이다. 준제불모(cundī : 准提佛母) 또는 칠구지불모(七俱脂佛母)라고 불린다. 말 그대로 70억 부처님의 어머니이다.

'깨달음으로 깨달음으로 우리를 깨닫게 하소서!'라는 이 구절에서는 불교의 구원관이 잘 드러난다. 단순히 깨달은 님에 대한 믿음이나 의존에서 멈추지 않고 우리도 깨달아야 한다는 사실을 말하고 있는 것이다. 불교에서 깨달음은 단순히 믿음이나 신앙만으로 주어지는 것이 아니다. 믿음이나 신앙은 언제나 의혹으로 변할 수 있지만 깨달음은 한 점의 의혹도 없는 경지이다.

준제관음 전남 대둔사

그래서 부처님께서는 언제나 맹목적인 믿음에 대한 말씀보다는 '앎과 봄'에 대해 강조하셨고, "손바닥에 있는 보석을 보듯이 깨달아라."라고 말씀하셨다.

부처님은 『쌍윳따니까야』에서 이와

같이 말씀하셨다.

　　수행승들이여, 알지 못하고 보지 못하는 자가 아니라 알고 또한
　보는 자에게 번뇌가 소멸한다는 사실을 나는 말한다.

　언제나 '알고 또한 본다'는 것이 중요한 문제인 것이다. 믿는다는 것은 별로 큰 의미를 지니지 못한다. 또한 알기만 하고 보지 못하거나 보기만 하고 알지 못하는 것도 마찬가지이다. 예를 들어 빨간 신호등이 멈추라는 것임을 알지 못하는 어린아이가 거리에서 빨간 신호등을 본다고 한들 무슨 소용이 있는가? 반대로 빨간 신호등이 멈추라는 것임을 잘 아는 맹인이 거리에서 빨간 신호등을 본다고 한들 무슨 소용이 있는가?　따라서 '앎과 봄'은 동시에 이루어져야 한다. 그것이 깨달음이다.

　진리를 깨달은 사람에 관하여 경전의 어느 곳에서든지 언급되고 있는 말이 있다. '더러움을 여의고 깨끗한 진리의 눈을 떴다.' '또한 나는 이것이 최후의 삶이며 다시는 태어나지 않는다라고 흔들림 없이 마음에 의한 해탈을 이루어 앎과 봄을 성취했다.' '올바른 지혜로 있는 그대로 본다.' 부처님은 자신의 깨달음에 관해서도 다음과 같이 말씀하셨다.

　　눈이 생겨났다. 앎이 생겨났다. 지혜가 생겨났다. 명지(明智)가
　생겨났다. 빛이 생겨났다.

24. 매다리야 니라간타

maitreya-nīlakaṇṭha[34]
마이뜨레야 닐라깐따
목에 푸른 빛을 띤 자비의 님이시여!

청경관음
관음의 화현으로 나타난 힌두신
화의 시바신

여기서 '자비(慈悲)로운'을 의미하는 마이뜨레야는 미래에 중생을 구원하러 오시는 미륵(彌勒) 부처님의 이름이기도 하다. 여기서는 목에 푸른 빛을 띤 님(靑頸尊)을 단지 수식하는 형용사로 쓰였다. 푸른 모든 뭇삶을 위하여 윤회의 바다에서 만들어진 독을 삼켜 목이 파랗게 된 관세음으로서의 시바신의 자비는 아무리 찬탄하고 찬탄해도 다 하지 못한다.

목에 픈 빛을 띤 님은 서장어로는 딘괸(mGrin sṅon)이라고 한다. 『청경관자재심보살다라니경(靑頸觀自在心菩薩陀羅尼經)』에서는 청경관자재보살의 마음의 진언을 들으면 대비삼매에 든다고 설하고 있다. 이

---

34) maitreya : 자애로운
   nīla-kaṇṭha : 청경존(靑頸尊) : 목에 푸른 빛을 띠운 님. 우주의 주재신인 시바(śiva)신의 다른 이름으로 뱀의 독을 마셔 목이 푸르게 되었음에도 건재하게 살아있어 불사(不死)의 신임을 나타낸다.
   maitreya-nīla-kaṇṭha : 자애로운 청경존이시여!(단수 호격)

경에 따르면, 일체의 중생이 두려움과 액난을 만나도, 관세음보살의 명호만 부르면 모든 고통을 벗어나 해탈하게 되고 나아가서는 속히 위없는 바르고 원만한 깨달음을 얻게 된다.

　이 경에는 이 관세음의 모습을 다음과 같이 묘사하고 있다. 정면은 자비로운 미소로 빛나는 얼굴, 오른 쪽의 얼굴은 사자의 얼굴, 왼쪽의 얼굴은 멧돼지의 얼굴, 머리에는 모관을 하고 보관 가운데는 아미타불의 화불이 있고, 오른쪽 팔에는 금강저, 두 번째 팔에는 연꽃, 왼쪽의 첫 번째 팔에는 보륜을, 왼쪽의 두 번째 팔에는 소라고동을 들고 있다. 호랑이 가죽의 옷을 입었으며, 영락, 팔찌, 고리, 광염(光焰)을 장식하고 있다. 이들 각각의 의미에 대하여는 이어지는 신묘장구다대라니에 설명될 것이나 간략히 설명하자면, 사자는 비슈누의 화신으로 자신을 믿는 자를 구원하고 그것을 방해하는 악마를 죽인 자이고, 멧돼지는 악마가 태초의 대지(大地)를 침몰시켰을 때에 우리를 구원하고 악마를 쳐부순 자이고, 금강저는 무지의 어둠을 파괴하는 것을, 연꽃은 연꽃은 지혜의 빛을, 보륜은 진리의 법칙을, 소라고동은 관세음의 소리 즉 우주적인 진동음 옴소리를 상징한다. 호랑이 가죽은 감각적 쾌락의 욕망이 정복된 것을 상징한다.

25. 가마사 달사남 바라하라나야 마낙 사바하

kāmasya dharṣiṇaṁ prahlādaya-manaḥ svāhā[35]
까마씨야 다르시남 쁘라흘라다야 마나하 쓰와하
감각적 쾌락의 욕망을 부숴버린 쁘라흘라다의 마음을 위하여, 쓰와하

까마는 감각적 쾌락의 욕망을 말하며, 다르샤남은 극복 또는 파괴를 뜻한다. 인도신화에 따르면, 쁘라흘라다는 악마의 왕 히란야까쉬뿌의 아들이었지만, 관세음보살의 화현인 비슈누신에 대한 믿음과 헌신을 통해 감각적 쾌락의 욕망을 부수고 깨달음을 통해 비슈누신과 합일하는 경지를 성취한 이다.

악마의 왕 히란야까쉬뿌는 브라호마신에게 기도하여 신들이나 악마들, 또는 동물들이나 인간들 중의 어느 것에도 정복되거나 살해당하지 않는 뛰어난 능력을 갖게 되었다. 그는 곧 하늘과 지상세계와 지옥의 지배자가 되었다. 또 악마의 왕은 자신 이외에 어떠한 신이나 존재에 대한 숭배를 금했다. 모든 이들이 어쩔 수 없이 그에게 복종했으나 오직 그의 아들 쁘라흘라다만은 그에게 복종하기를 거부했다.

쁘라흘라다는 비슈누신만이 전세계의 스승이고 창조자이며 보호

---

35) kāmasya : kāma (사랑, 애욕, 사랑의 신)의 단수 소유격.
 dharṣiṇam : dharṣin(돌격하는, 공격하는, 압도하는, 부수는)의 단수 목적격.
 prahlādāya : 악마의 왕의 아들 prahlāda의 단수 속격.
 manaḥ : 마음 manas의 단수 대격.

쁘라흘라다 코끼리의 날카로운 이빨로도 그를 죽일 수 없었다. 인도 / 할레비드사원

자라고 찬양하였다. 아들이 마음을 바꾸지 않자, 악마의 왕은 아들을 죽이기로 결심했다. 악마들이 칼로 내리쳐도, 거대한 뱀들이 독이빨로 물어도, 하늘에 사는 산보다 큰 코끼리들이 날카로운 이빨로 그를 찔러도 그를 죽일 수 없었다. 악마의 왕은 최후의 수단으로 그를 불태워 죽이고자 했으나 이도 실패하였다.

그때 브라흐만 사제들이 악마의 왕에게 자신들이 비슈누신에 대한 경배를 거두도록 가르치겠다고 애원하자 왕은 다시 한번 그의 아들에게 기회를 주기로 했다. 그러나 다시 스승의 집으로 돌아온 쁘라흘라다의 사유는 더욱 깊어졌다.

괴로움은 모든 존재가 겪어야 할 필연적인 과정이다. 그런데도 어리석음 때문에 우리는 감각적 욕망이 괴로움을 없애는 길이라고 잘못 알고 있다… 많은 사람들이 불쌍한 사람들을 도와야 한다고 말하지만 실제로 그것은 오직 자신들의 욕구가 충족된 이후에만 행해지고 있을 뿐이다. … 또한 인간들은 많은 재물을 자기 곁에 쌓아

둠으로써 행복을 느낄 수 있다고 말하지만 실제로는 쌓여진 재물의 높이만큼, 아니 그보다 더 그의 불안과 고통은 가중될 뿐이다. … 살아있는 자들은 괴로움을 결코 벗어나지 못한다.… 진실로 우리는 이 세상이라는 고통의 바다에 빠져 허우적거리고 있다.

그는 이러한 존재의 불행한 상황을 구할 수 있는 유일한 희망이 오직 비슈누신뿐이라는 생각을 더욱 굳건히 했고 자신의 깨달음을 주위에 가르치기 시작했다.

비슈누는 모든 존재의 창조주이다. 모든 존재는 결코 적이 될 수 없으며 오직 사랑의 대상이 될 뿐이다. 우리가 미워해야 할 대상은 우리의 적이 아니라 오히려 우리 자신이 미워하는 바로 그 마음이다. 우리의 적은 오히려 우리에게서 더 큰 사랑을 받아야만 한다.

그는 창조된 모든 것이 바로 비슈누신이며 우리 자신 역시 비슈누신과 다른 존재가 아니라 바로 그 자신이라는 사실을 깨달았다.

오직 비슈누신에게 마음을 고정함으로써 완전한 평화를 얻을 수 있다. 건강, 부, 쾌락 등은 값싼 순간적인 요소들일 뿐이다. 그러나 지혜의 나무에서 얻은 열매는 어떠한 값으로도 살 수 없는 귀중한 보물이다.

이와 같이 쁘라흘라다는 감각적인 쾌락의 욕망을 극복하고 관세음의 화현인 비슈누신을 찬양하고 그와 하나가 된다. 극한적인 상황에서도 비슈누신에 대한 찬양을 놓지 않고 새기는 쁘라흘라다의 마음은 바로 관세음의 노래를 지송하는 우리의 마음가짐을 말한다.

26. 싯다야 사바하 마하 싯다야 사바하 싯다 유예새바라야 사바하

siddhāya[36] svāhā mahā-siddhāya[37] svāhā
siddha-yogeśvarāya[38] svāhā
씻다야 쓰와하 마하씻다야 쓰와하
씻다요게슈와라야 쓰와하
성취자를 위해서 쓰와하, 위대한 성취자를 위해서 쓰와하,
성취자인 요가의 주님을 위해서, 쓰와하

1) 성취자, 위대한 성취자

씻다(siddha)는 글자 그대로 성취 또는 성취자를 의미하지만, 신통의 힘을 성취한 것을 말한다. 이 다라니에서는 그 말은 온갖 박해와 고난 속에서도 살아남는 관세음보살의 화현인 비슈누신의 숭배자인 쁘라흘라다가 성취한 신통의 힘이다.

악마의 왕은 아들 쁘라흘라다를 불러 어떻게 그런 신비한 힘을 성취하게 되었는지를 물어보았으나 아들의 입에서 나오는 말은 여전히 비슈누신에 대한 찬양뿐이었다. 아버지는 다시 그를 성벽 위에서 밖으로 던져 죽이려고 했으나 대지의 여신이 자신의 무릎으로 살며

---

36) siddhāya : siddha (성취 또는 성취한 자)의 단수 여격
37) mahāsiddhāya : mahāsiddha (위대한 성취 또는 크게 성취한 자, 매우 훌륭한 성자, 완전한 요가 수행자)의 단수 여격
38) siddha-yogeśvarāya : siddha-yoga(요가를 성취한 자)의 단수 여격
   īśvara (自在者, 主宰者, 最上의 支配者)의 단수 여격
   yoga : √yuj (묶다, 결합하다)에서 유래한 것으로 절대자와의 합일을 말한다. 불교에서는 수행이라는 의미로 쓰임

시 받아주어 살아났다. 악마의 왕은 다시 그를 바다에 던져죽이려고 했으나 온몸이 꽁꽁 묶이고 무거운 돌에 매인 쁘라흘라다는 바다 속에서도 죽지 않았다. 산밑에 가두어 버려도 그는 오로지 비슈누신만을 찬양할 뿐이었고, 갇혀있는 동안 그의 수행과 명상은 더욱 깊어져 드디어 자신이 비슈누신과 동일해지는 경지를 성취했다.

> 비슈누를 찬양하라. 그는 바로 나이며 나는 바로 그이다. 나는 모든 만물이며, 모든 만물은 바로 내 안에서 존재한다. 그는 바로 나의 이름이다.

이와 같은 깨달음을 통해 쁘라흘라다는 드디어 자신의 개체성을 잃어버리고 오직 만물과의 영원한 동일성만을 갖게 되었다. 그의 깨달음은 지금껏 자신을 가두고 있던 모든 장애물들을 아무런 쓸모도 없이 만들었다. 그 앞에 비슈누가 나타나 소원을 물었다.

> 저의 믿음이 어떠한 지상의 쾌락과 욕망 속에서도 흔들리지 않도록 도와주십시오. 또한 저의 당신에 대한 믿음을 박탈하려는 아버지의 잘못을 용서해 주십시오.

그의 철저한 믿음과 무한한 사랑에 감동한 비슈누는 그를 죽음에서 벗어난 불사의 존재로 만들어주었다. 아들의 소식을 들은 악마의 왕은 더욱 화가 나서 음식에 독을 넣어 죽이려고 했지만 실패했다. 브라흐만 사제들이 모여 앉아 베다의 주술을 찬송하면서 무시무시한 형상의 여성괴물을 만들어냈고 그 여성괴물은 불타는 삼지창으로 쁘라흘라다를 찔렀지만 삼지창만 조각이 날 뿐 그를 해칠 수 없었다. 오히려 사제들만 자신들이 행한 주술로 인해 한줌의 재가 되어 버렸다. 사제들의 죽음을 목격한 쁘라흘라다는 커다란 슬픔에 빠졌다. 그의 마음에는 모든 존재에 대한 미움 감정이 없고 사랑만이 가득 차 있었기 때문이다. 그는 비슈누신에게 기도하여 그들을 다시 소생시킬 수 있었다. 이 다라니에서 위대한 성취의 님은 자신을 죽이려고 한 적에게까지 미치는 자비를 베푸는 쁘라흘라다와 같이 위대한 신통의 힘을 갖춘 자를 말한다.

시바신(요게슈와라: 요가의 주님)

히말라야 설산에서 지복의 삼매에 든 시바. 머리에 감고 있는 뱀은 창조력과 우주를 완전히 제어하는 요가수행자. 호랑이 가죽 위에 앉아 있는 것은 갈애를 극복한 성자를 상징한다.

초기불교의 경전에 따르면, 이러한 신통의 힘(神通 : iddhi)은 네 가지 신통의 기초(四神足)를 닦음으로써 성취된다. 그 네 가지 신통의 기초는 다음과 같다.

① 의욕에 바탕을 둔 삼매와 그 의도적 노력으로 이루어지는 신통의 기초(欲三摩地勤行成就神足)

② 정진에 바탕을 둔 삼매와 그 의도적 노력으로 이루어지는 신통의 기초(勤三摩地勤行成就神足)

③ 마음에 바탕을 둔 삼매와 그 의도적 노력으로 이루어지는 신통의 기초(心三摩地勤行成就神足)

④ 사유에 바탕을 둔 삼매와 그 의도적 노력으로 이루어지는 신통의 기초(觀三摩地勤行成就神足)

마음에 바탕을 둔 삼매란 의식의 삼매(識三昧: viññānasamādhi)를 뜻한다. 이러한 네 가지 신통의 기초를 닦고 익힌 위대한 성취자는 요가를 성취한 자로서 자재한 신통의 힘을 얻는다.

2) 성취자인 요가의 주님

'요게스와라'라는 말은 요가수행의 주님이라는 말이다. 관세음의 화신인 시바신이 요가 수행의 주(主)로서 군림하게 된 이유는 그가 위대한 고행자였기 때문이다. 그는 요가 수행자이자 위대한 스승으로 히말라야 산에서 명상하며 자신의 제자들이 있는 남쪽으로 바라보고 있다. 남쪽은 태양이 집어삼킬 듯이 내려 쬐는 죽음과 무상을 상징한다. 그는 대단히 금욕적인 고행자의 상을 보여주며 선인들에게 찬양 받는다.

시바신은 원래 창조-유지-파괴의 신들 가운데 파괴의 신으로 창조주인 브라흐마를 살해한 책임을 지고, 그 무거운 죄를 속죄하기 위해 방랑하는 고행자가 되었다. 시바신은 창조주를 살해한 무거운 죄를 속죄하기 위해 유행하는 고행자 빅샤따나로서 브라흐마 신의 해골을 가지고 방랑한다. 이 시바신이 비슈누신의 권유로 갠지강 기슭에서 창조주 브라흐마를 죽인 죄를 씻은 곳이 오늘날의 성스러운 도시 베나레스라고 한다.

명상하는 시바신

시바신이 요기로서, 위대한 스승으로서 깨달음을 상징하는 나무 아래 앉아 있다. 뱀과 삼지창의 장식이 있으며, 오른발 아래 무지를 나타내는 악마 아빠쓰마라가 움츠리고 있고 양옆에는 두 선인이 있다.

참고로 인도의 종교에 널리 퍼져있고, 불교적인 선정(禪定)의 수행 중에도 나타나는 여러 가지의 신통의 힘을 『쌍윳따니까야』에서 소개하면 다음과 같다. 앞에 언급한 네 가지 신통의 기초를 닦고 익히면 다음과 같은 여섯 가지의 신통의 힘을 성취할 수 있다고 한다.

① 신족통(神足通) : 나는 내가 원하는 대로 여러 가지의 정신적 능력을 즐긴다. 나는 하나에서 여럿이 되며 여럿에서 하나가 된다. 나는 나타나기도 하고, 사라지기도 하고, 자유로운 공간처럼 장애 없이 담을 통과하고, 성벽을 통과하고, 산을 통과해서 간다. 나는 물 속에서처럼 땅속을 드나든다. 나는 땅위에서처럼 물에서도 빠지지 않고 걷는다. 나는 날개 달린 새처럼 공중에서 앉은 채 움직인다. 나는 손으로, 이처럼 큰 위력을 지니고 이처럼 큰 능력을 지닌 달과 해를 만지고 쓰다듬는다. 나는 범천의 세계에 이르기까지 육신으로 영향력을 미친다.

② 천이통(天耳通) : 나는 내가 원하는 대로 청정한 인간을 초월한 하늘 귀로 멀고 가까운 신들과 인간의 두 소리를 듣는다.

③ 타심통(他心通) : 나는 내가 원하는대로 나 자신의 마음을 미루어 다른 뭇 삶, 다른 사람의 마음을 안다. 나는 탐욕으로 가득찬 마음을 탐욕으로 가득찬 마음으로 알고, 탐욕에서 벗어난 마음을 탐욕에서 벗어난 마음이라고 안다. 나는 노여움로 가득한 마음을 노여움로 가득한 마음이라고 알고, 노여움에서 벗어난 마음을 노여움에서 벗어난 마음이라고 안다. 나는 어리석음에 가득찬 마음을 어리석음에 가득찬 마음이라고 알고, 어리석음에서 벗어난 마음을 어리석음에서 벗어난 마음이라고 안다. 나는 통일된 마음을 통일된 마음이라고 알고, 흩어진 마음을 흩어진 마음이라고 안다. 나는 최상의 마음을 최상의 마음이라고 알고, 최상이 아닌 마음을 최상이 아닌 마음이라고

안다. 나는 삼매에 든 마음을 삼매에 든 마음이라고 알고, 삼매에 들지 못한 마음을 삼매에 들지 못한 마음이라고 안다. 나는 해탈한 마음을 해탈한 마음이라고 알고, 해탈하지 못한 마음을 해탈하지 못한 마음이라고 안다.

④ 숙명통(宿命通) : 나는 내가 원하는 대로 전생의 여러 가지 삶의 형태를 기억한다. 예를 들어, 한번 태어나고 두 번 태어나고 세 번 태어나고 네 번 태어나고 다섯 번 태어나고 열 번 태어나고, 스무 번 태어나고 서른 번 태어나고 마흔 번 태어나고 쉰 번 태어나고 백 번 태어나고 천 번 태어나고 십만 번 태어나고 내지 수십만 번 태어났다. 이렇듯 수많은 파괴의 겁을 지나면서, 수많은 세계생성의 겁과 수많은 세계 파괴의 겁을 지나면서 당시에 나는 '이러한 이름과 이러한 성을 지니고 이러한 용모를 지니고 이러한 음식을 먹고 이러한 괴로움과 즐거움을 맛보고, 이러한 목숨을 지녔고, 나는 그곳에서 죽은 뒤에 나는 여기에서 태어났다'라는 것처럼 이와 같이 나는 나의 전생의 여러 가지 삶의 형태를 구체적으로 상세히 기억한다.

⑤ 천안통(天眼通) : 나는 내가 원하는 대로 청정한 인간을 뛰어넘는 하늘 눈으로 뭇삶을 관찰하여, 죽거나 다시 태어나거나 천하거나 귀하거나 아름답거나 추하거나 행복하거나 불행하거나 업보에 따라서 등장하는 뭇삶에 관하여 분명히 안다. '어떤 뭇삶들은 몸으로 악행을 하였고, 입으로 악행을 하였으며, 마음으로 악행을 하였다. 그들은 고귀한 분들을 비난하고 잘못된 견해를 지니고 잘못된 견해에 따라 행동한다. 그래서 그들은 몸이 파괴되고 죽은 뒤에 괴로운 곳·나쁜 곳·비참한 곳·지옥에 태어났다. 그러나 다른 뭇삶들은 몸으로 선행을 하였고, 입으로 선행을 하였으며, 마음으로 선행을 하였다. 그들은 고귀한 분들을 비난하지 않고 올바른 견해를 지니고 올바른 견해

에 따라 행동한다. 그래서 그들은 육체가 파괴되고 죽은 뒤에 즐거운 곳, 하늘나라에 태어났다.' 이와 같이 나는 청정한 인간을 뛰어넘는 하늘 눈으로 청정한 인간을 뛰어넘는 하늘 눈으로 뭇삶을 관찰하여, 죽거나 다시 태어나거나 천하거나 귀하거나 아름답거나 추하거나 행복하거나 불행하거나 업보에 따라서 등장하는 뭇삶에 관하여 분명히 안다.

⑥ 누진통(漏盡通) : 나는 내가 원하는 대로 번뇌가 부수어지고 번뇌없는 마음에 의한 해탈, 지혜에 의한 해탈을 현세에서 스스로 잘 알고 깨달아 성취한다.

27. 니라간타야 사바하

nīlakaṇṭhāya svāhā[39)]
닐라깐타야 쓰와하
목에 푸른 빛을 띈 님을 위하여 쓰와하

위에서 언급한 시바신으로 화현하는 관세음보살, 목에 푸른 빛을 띈 청경보살(靑頸菩薩)에게 영광을 돌리는 찬미이다. 청경보살의 지극한 자비는 33 변화신(變化身)의 모습으로 나타난다.

아래에 여기 소개하는 것은 중국 당나라 이후『관음경』에 등장하는 관세음의 여러 변화신에 기초해 당나라나 송나라 이후에 중국에서 만들어져 숭배된 것으로 동북아 불교권에서 널리 유포된 관음도상이다. 중국의 이 관음도상에는 인도나 티베트의 33변화신과는 달리 청경관음이 포함되어 있는데, 비록 중국에서 만들어졌지만 힌두교와의 합일을 모색하는 관음신앙의 정통성을 엿볼 수 있다.

① 양류관음(楊柳觀音) : 왼손은 시무외인(施無畏印)을 하고 오른 손에는 버드나무가지를 들고 있는 모습의 관세음. 자비의 힘으로 중생의 감각적인 쾌락이나 애욕에 대한 욕망을 없애준다.

② 용두관음(龍頭觀音) : 구름 속에 용을 타고 다니는 모습의 관세음. 감각적인 쾌락이나 애욕에 대한 욕망을 극복하고 신들과 용의 무리와 야차를 제도한다.

---

39) nīla kaṇṭhāya : nīla kaṇṭha(靑頸尊-목에 푸른 빛을 띠운 님)의 단수 여격

③ 지경관음(持經觀音) : 손에 경전을 가지고 있는 모습의 관세음으로 학인의 몸을 나투어 중생에게 가르침을 베푼다.

④ 원광관음(圓光觀音) : 화염의 광배를 하고 바위나 연꽃에 앉아 있는 모습의 관세음. 지혜의 빛을 비추어 중생을 제도한다.

⑤ 유희관음(遊戲觀音) : 오색구름을 타고 왼손을 무릎 위에 얹고 법계를 노니는 모습의 관세음. 유희하다가 높은 곳에서 떨어지더라도 상하지 않게 중생을 보호한다.

⑥ 백의관음(白衣觀音) : 흰옷을 입고 연꽃을 들고 백련 위에 앉거나 서 있는 모습의 관세음. 수행자의 몸을 나투어 중생을 제도한다.

⑦ 연와관음(蓮臥觀音) : 연못 가운데의 연꽃 위에 가부좌를 하고 합장하고 있는 모습의 관세음. 여러 가지 몸을 나투어 중생을 제도한다.

⑧ 농견관음(瀧見觀音) : 폭포수를 바라보고 바위 위에 앉아있는 모습의 관세음. 중생이 불에 떨어져도 불구덩이가 연못으로 변화하게 한다.

⑨ 시약관음(施藥觀音) : 왼손은 무릎에 오른손은 뺨에 대고 연꽃을 보고있는 모습의 관세음. 허공에 해가 떠있듯이 자비로운 마음으로 중생을 항상 보살핀다.

⑩ 어람관음(魚籃觀音) : 오른손의 바구니에 물고기를 든 모습의 관세음. 바다에서 악귀와 나찰을 만난 중생을 구원하여 준다.

⑪ 덕왕관음(德王觀音) : 바위 위에 앉아 왼손을 무릎 위에 놓고 오른손에 푸른 버드나무 가지를 들고 있는 모습의 관세음. 하느님 나라의 왕(梵王)의 모습을 하고 중생을 구원한다.

⑫ 수월관음(水月觀音) : 물위의 연꽃을 타고 물에 비친 달을 관찰하는 모습의 관세음. 홀로 연기법을 깨달은 이(緣覺)의 몸을 나투어 중생

을 구원한다.

⑬ 일엽관음(一葉觀音) : 한 잎의 연꽃 위에 앉아 물위로 떠다니는 모습의 관세음. 재물을 다루는 신의 모습을 나투어 중생을 구원한다.

⑭ 청경관음(靑頸觀音) : 왼손에 연꽃을 들고 오른손의 손바닥을 위로 하고 몸빛은 붉고 목은 푸르고 가부좌를 취한 자세의 관세음. 탐욕, 분노, 어리석음의 삼독을 제거하는 부처님으로 중생을 제도한다.

⑮ 위덕관음(威德觀音) : 왼손에 연꽃을 들고 바위 위에 앉아 있는 모습의 관세음. 하늘나라 대장군의 위력으로 중생을 제도한다.

⑯ 중보관음(衆寶觀音) : 몸을 약간 돌려 맨땅 위에 앉아 있는 모습의 관세음. 장자의 몸을 나투어 중생을 제도한다.

⑰ 암호관음(巖戶觀音) : 바위굴 속에서 수행하는 모습의 관세음. 독한 벌레나 뱀으로부터 중생을 구원한다.

⑱ 연명관음(延命觀音) : 황금색 몸을 하고 바위에 기대어 앉아 있는 모습의 관세음. 남이 저주하고 악한 주문을 걸 때에 중생을 구원한다.

⑲ 능정관음(能靜觀音) : 물가의 바위 위에 앉아 있는 모습의 관세음. 물에서 표류하는 중생을 구원한다.

⑳ 아뇩관음(阿耨觀音) : 바다 위의 바위에 앉아 바다를 보고 있는 모습의 관세음. 독룡과 잡귀신에서 중생을 구원한다.

㉑ 아마례관음(阿摩提觀音) : 바위 위에서 양손을 포개 무릎 위에 놓고 앉은 모습이나 사자를 탄 모습의 관세음. 비사문천의 모습을 하고 중생을 구원한다.

㉒ 엽의관음(葉衣觀音) : 팔만사천의 공덕의를 입은 모습의 관세음. 신들의 제왕인 제석천의 모습을 하고 중생을 구원한다.

㉓ 유리관음(琉璃觀音) : 연꽃을 타고 물 위에 서서 두 손에 향로를 든 모습의 관세음. 자재천신의 모습을 하고 중생을 구원한다.

㉔ 다라니관음(陀羅尼觀音) : 구름 위에 서서 다니는 모습의 관세음. 해치고자 하는 원수들에 둘러 쌓여 있는 중생을 구원한다.

㉕ 합리관음(蛤蜊觀音) : 조개 가운데 앉아 있는 관세음. 보살의 몸을 하고 중생을 제도한다.

㉖ 육시관음(六時觀音) : 하루종일 중생을 걱정하는 모습을 한 관세음. 거사의 몸을 하고 중생을 제도한다.

㉗ 보비관음(普悲觀音) : 두 손을 옷자락에 가리고 언덕 위에 서있는 모습의 관세음. 대자재천신의 몸을 하고 중생을 제도한다.

㉘ 마랑부관음(馬郎婦觀音) : 여자의 모습을 취한 관세음. 부녀자의 몸을 하고 중생을 제도한다.

㉙ 합장관음(合掌觀音) : 연꽃 위에서 합장하는 모습의 관세음. 사제의 몸을 하고 중생을 제도한다.

㉚ 일여관음(一如觀音) : 구름을 타고 공중으로 날아다니는 모습의 관세음. 우박과 폭풍 등 자연재해로부터 중생을 구원한다.

㉛ 불이관음(不二觀音) : 두 손을 포개고 연잎 위에 타고 물 위로 떠다니는 모습의 관세음. 집금강신의 모습을 하고 중생을 제도한다.

㉜ 지련관음(持蓮觀音) : 손에 연꽃을 들고 연잎 위에 서 있는 모습의 관세음. 동남동녀의 모습을 하고 중생을 제도한다.

㉝ 쇄수관음(灑水觀音) : 버드나무가지에 물을 묻혀 뿌리고 다니는 모습의 관세음. 홍수에 떠내려갈 때에 중생을 구원한다.

28. 바라하 목하 싱하 목카야 사바하

varāha-mukha-siṃha-mukhāya svāhā[40]
바라하 무카 씽하 무카야 쓰와하
멧돼지 형상의 님과 사자 형상의 님을 위하여 쓰와하

1) 멧돼지 형상의 님

'멧돼지 형상의 님'은 한역에서는 도용존(猪容尊)이라고 한다. 베다문헌에는 창조주 브라흐마신이 멧돼지 형상으로 나온다. 이 신화가 나중에 비슈누교에 편입되고 대승불교에 와서 관세음의 화현인 비슈누신으로 등장하게 된다.

어떤 우주기의 최초의 남성 '스스로 있는 남자(svayambhu)'와 최초의 여성인 '백가지 모습을 지닌 여자(śatarūpā)'가 나타났다. 이들 부부가 아직 창조에 열중하고 있을 때에 땅이 바다에 가라앉았다. 브라흐마신은 거대한 멧돼지 모습을 한 비슈누신에게 도움을 청했다. 그러는 사이에 악마 히란니야끄샤는 물의 신 바루나에게 땅을 돌려달라고 했으나 헛수고였다.

악마는 현자 '나라다'로부터 비슈누의 화현인 멧돼지가 바다에 잠수해서 땅을 찾고 있다고 들었다. 그 거대한 멧돼지는 땅을 '작은 여신(地母神)'의 형태로 어금니를 사용해서 조심스럽게 수면으로 끌어올렸다. 그래서 비슈누신인 멧돼지와 악마 히라니야끄샤 사이

---

[40] varāha-mukha-siṃha-mukhāya : varāha mukha siṃha mukha(멧돼지 얼굴과 사자 얼굴의 님)의 단수 여격. varāha:멧돼지 / mukha:얼굴 / siṅha:사자
varāha-mukha : 멧돼지 형상을 했을 때의 비슈누신의 이름
siṃha-mukha : 사자 얼굴의 신은 비슈누의 화신 나라씽하를 말한다.

28. 바라하 목하 싱하 목카야 사바하 173

멧돼지로 화현한 비슈누신

인간의 형상을 한 멧돼지가 악마 히란니야끄샤를 짓밟고 있다.

에 무시무시한 금강저(金剛杵)를 사용한 전투가 벌어졌다. 악마는 마침내 죽어서 땅에 묻혔다."

인도의 사원에서는 비슈누신이 이 멧돼지의 얼굴이나 형상을 하고 악마를 쳐부수고, 우주를 유지하고 지탱하는 땅을 되찾은 사실을 묘사하는 부조나 조각들을 가장 흔히 볼 수 있다.

2) 사자 형상의 님

사자의 얼굴을 한 님은 사자용존(獅子容尊)이라고 한다. 사자의 얼굴을 한 님은 관세음의 화현인 비슈누신을 말한다. 이 사자 형상의 님은 신에게 헌신을 바치고 기도하는 사람을 어떠한 역경이나 무

인간사자의 모습을 한 비슈누신

악마 히란니야까쉬뿌의 창자를 묶고 있다. 왼쪽 아래에는 태양조 가루다가 기도하는 모습을 하고 있다. 벨루르 / 비슈누사원

시무시한 공포의 상황 아래서도 보호하고 수호하는 역할을 한다.

관세음의 화현인 비슈누신이 멧돼지의 형상을 하고 악마 히라니야끄샤를 죽인 뒤에 신들과 인간의 세계에 평화가 찾아왔다. 그러나 머지않아 히라니야끄샤의 큰형 히라니야까쉬뿌가 인간과 소들과 제화(祭火)들을 부수는 악마로 등장했다. 그는 극도의 고행주의자였는데 고행에서 솟아오르는 화력(火力)으로 우주를 뒤흔들 때까지 고행을 닦았다.

그는 신들을 위협해서 어떠한 사람이나 동물이라도 밤이든 낮이든 궁전 밖에서든 안에서든 자신을 죽이지 못하도록 보장받았다. 그렇게 해놓고 그는 자신에 대한 신적 숭배를 강요하고 자신의 아

들 쁘라흘라다에게 비슈누신에 대한 기도를 금지시켰다. 그러나 아들은 흔들리지 않고 기도를 계속했다. 히라니야까쉬뿌는 아들을 제거하려고 시도했다. 그러나 기도하는 쁘라흘라다를 뱀들이 물어 죽이려해도 코끼리들이 밟아 죽이려해도 할 수가 없었다. 할 수 없이 히라니야까쉬뿌는 자신의 아들을 토론으로 설득하고자 했다. 그는 아들에게 물었다.

"비슈누신은 어디에 있느냐? 혹시 기둥 속에 있느냐?"

쁘라흘라다가 "그렇다"고 대답하자 그 악마는 기둥을 꺾어버렸다. 그러자 거기서 아주 무서운 존재가 튀어나왔다. 인간도 동물도 아니고 비슈누신의 화신인 사자 얼굴의 모습을 한 인간이 나타나서 악마 히라니야까쉬뿌를 찢어 죽였다. 그때가 밤도 낮도 아닌 황혼 무렵이며 그 장소는 안도 밖도 아닌 문지방이었다. 쁘라흘라다는 자기 아버지가 죽은 뒤에 태양족의 왕이 되었다.

여기에 등장하는 사자형상의 비슈누신은 그의 신체 중의 한 쪽은 인간의 형상을, 다른 한 쪽은 사자의 모습을 하고 있었다. 그의 목은 사자의 갈기로 뒤덮여 있었으며 불길처럼 붉은 눈, 커다란 입, 두 갈래로 갈라진 칼날 같은 혀, 그리고 거친 숨을 몰아쉬는 코를 갖고 있었다. 그의 머리는 하늘까지 닿았으며 몸은 온통 누런 색의 털로 덮였고 백개의 팔에는 각각 무시무시하고 강력한 무기가 들려있었다. 이 사자형상의 비슈누신은 어느 곳에서나 인간을 구원하고 악마를 쳐부수는 절대신으로서 인도의 사원의 부조나 조각에 가장 많이 등장한다.

29. 바나마 하따야 사바하

padma hastāya svāhā[41]
빠드마 하쓰따야 쓰와하
손에 연꽃을 든 님을 위하여 쓰와하

연꽃은 이미 언급했듯이 관세음의 화신인 비슈누신의 가장 중요한 상징물들 가운데 하나이다. 이 연꽃은 또한 비슈누신의 비(妃)인 락슈미 여신을 상징하기도 한다. 락슈미신은 원래 모신(母神)으로서 미와 행운과 부의 여신이며 빛의 수호신으로 인도에서 지금도 해마다 거행되는 거대한 등불 축제 '디발리'의 주인공이기도 하다.

힌두적인 연꽃의 이미지는 우주의 태궁(胎宮)으로서의 창조의 바다와 연관되어 있다. 창조신이 앉는 좌대는 불상의 좌대처럼 연꽃

락슈미-나라야나로서의 비슈누신

머리에는 높은 보관을 쓰고 수레바퀴와 곤봉 등을 들고 있다. 아내인 연꽃을 든 락슈미와 기도하는 모습을 하고 날개옷을 걸친 태양조 가루다에 둘러싸여 있다. 네팔 / 창구-나라야나 사원

---

41) padma hastāya : padma hasta(손에 연꽃을 든 님) 의 단수 여격
　　padma : 연꽃 / hasta : 손
　　padma hasta : 비슈누신은 왼손에 연꽃을 쥐고 있다. 이 연꽃은 절대신의 최초의 자기 현시이며 진흙탕 물에서 피어나는 청정함과 정신적 깨달음을 상징한다.

모양이다. 시바교에서는 특히 연꽃이 여성의 자궁으로 묘사된다.

그러나 불교에 와서는 번뇌에 물들어 윤회하는 진흙탕물과 같은 세계에 있으면서도 거기에 물들지 않는 청정함 또는 지혜를 상징한다. 초기불교의 『잡아함경』에서는 부처님과 연꽃의 관계를 다음과 같이 말하고 있다.

일체의 모든 법이 생성하고 소멸함을 깨달아서 닦을 것을 다 닦고 끊을 것을 다 끊었으므로 여래라고 한다. 여래가 세상에 계시는 것은 연꽃이 진흙 속에 났더라도 진흙이 묻지 않는 것과 같이 세상에 있으면서 세상에 집착하지 않으며 일체의 번뇌를 부수고 마침내 생사의 경계를 여의므로 여래라 이른다.

이 천수다라니에 언급된 연꽃 빠드마(padma)는 엄밀하게 말해서 홍련화(紅蓮花)인데 『각선초관음부천수초(覺禪鈔觀音部千手鈔)』에 보면 다음과 같이 설해지고 있다.

홍련화는 태양으로 인해서 열리며 화광이 원인이 됨으로 붉은 것이다. 누구든지 홍련화의 모습을 제작하여 본존에 배치하고 대비주를 독송하면 소원에 따라 하늘에 태어난다. 지혜 없이 천상에 태어나면 오욕에 물들어 타락한다. 지혜를 지니고 하늘 나라에 태어나면 세상의 더러움에 오염되는 일이 없는 것이 홍련화와 같다.

30. 자가라 욕다야 사바하

cakra-yuktāya svāha[42)]
짜끄라 육따야 쓰와하
보륜를 사용하는 님을 위하여 쓰와하

'보륜을 사용하는 님'은 한역에서 보륜상응존(寶輪相應尊)이라고 한다. 보륜(寶輪)은 차크라(cakra)를 번역한 것이다. 이 차크라는 맨 처음 고대 인도의 인더스문화의 활석인(滑石印) 속에 등장했다. 이것은 원래 가공할 만한 파괴력을 지닌 원반이라고 한다. 그러나 베다 시대에 와서는 태양과 자연의 법칙을 상징하는 도구로 쓰이게 되었다.

관세음의 화신인 비슈누신은 원래 이미 베다 시대에 태양신의 하나로 숭배되었다. 차크라는 태양의 햇살이 퍼져나가는 것과 언제나 아침이 되면 떠오르고 저녁에는 지는 자연의 윤회하는 법칙성이나 진리를 상징한다.

수레바퀴[寶輪]
비슈누가 지닌 상징물 가운데 하나이다. 우주의 원리를 상징한다.

비슈누신은 우주의 유지자로서 그의 수레바

---

42) cakra-yuktāya : cakra-yukta(바퀴를 사용하는)의 단수 여격
    cakra : 바퀴
    yukta : 지니는 (√yuj 「결합하다, 장착시키다」의 과거 수동분사)
    cakrāyuddha : cakra-āyuddha '원반의 무기를 지닌 자'란 범문 복원도 가능하다.

퀴는 우주를 지탱하는 세계 질서 내지는 영원한 우주의 법칙을 상징한다. 그래서 이 수레바퀴는 법륜(法輪)이라고도 불린다.

인도신화에 따르면, 비슈누신은 지상의 질서와 정의가 오염되고 쇠퇴할 때마다 인류를 구원하기 위해 화신(化身)43)으로 나타난다. 그 가운데 하나가 인도의 대서사시 ≪라마야나≫의 주인공인 라마이다. 전설적인 인물인 발미끼가 저술한 것으로 알려져 있는데, 인도인의 삶 뿐만 아니라 인도네시아 미얀마 태국 등지로 전해져 인간의 삶에 심대한 영향을 끼쳤다. 그 서사시의 주인공인 라마는 이상적인 왕의 상징이자 인간으로서 신성을 구현한 자로서 사랑을 받았다. 그는 코살라 국왕 다샤라타는 아요디야 시를 다스리고 있었는데, 세 명의 왕비 까우쌀리야, 까이께이, 쑤미뜨라가 있었는데, 아이가 없었다. 그는 말의 희생제의를 지내면서 비슈누신의 도움으로 라마와 바라따와 락슈마나를 얻었다. 라마는 첫째 왕비의 맏아들로서 소년시절부터 활을 잘 쏴 악마를 물리치고 상으로 마법의 화살을 받았다. 16살 때에 그는 성자 비슈와미뜨라의 요청을 받고 동생 락슈마나와 함께 그의 수행처에 사는 악마들을 물리쳤다. 라마는 그의 안내로 비데하 시의 국왕 자나카의 왕궁을 방문하였을 때, 아무도 당길 수 없던 시바신의 활을 만월같이 당겨, 자나카 왕의 딸 씨따와 결혼하여 아요디야에서 12년간 행복한 결혼생활을 하였다. 그리고

---

43) 비슈누신의 10대 화신으로 거북이 꾸르마(Kurma), 물고기 마뜨씨야(Matsya), 난쟁이 바마나(Vāmana), 멧돼지 바라하(Varāha), 사자와 같은 사람 나라씽하(Narasiṃha), 코살라 국의 왕자 라마(Rāma), 도끼를 든 라마인 파라슈라마(Paraśurāma), 신성한 목동 크리슈나(Kṛṣna), 불교창시자 붓다(Buddha)와 미래의 구제자 깔낀(Kalkin)이 있다.

다샤라타가 라마를 후계자로 선포하여 시민들이 기뻐했다. 그러나 둘째 왕비 까이께이의 하녀인 만따라가 바라따의 목숨이 위험해질 것이라고 하자, 둘째 왕비는 전쟁터에서 왕의 목숨을 구해준 적이 있었을 때에 왕이 자신이 바라는 어떠한 소원도 들어주겠다는 약속을 기억하고 왕에게 청원하여 자신의 아들 바라따를 태자로 세우고, 라마를 14년 동안 추방하도록 조치했다. 라마는 추방당하면서 아내 씨따를 아요디야 시에 남겨두고자 했으나 씨따는 남편과 함께라면 어떠한 고난도 이겨낼 수 있다고 따라나섰다. 그는 아내와 동생 락슈마나를 데리고 고다바리 강변 단다까 숲속에서 망명생활을 했다. 뒤늦게 사실을 이복동생 바라따는 라마를 찾아와 왕위를 계승해줄 것을 요청했으나 라마는 약속은 반드시 지켜야한다면서 왕위를 사양했고 바라따가 아요디야 시를 계속 통치하게 되었다. 라마와 씨따와 락슈마나는 숲속에서 수행자의 삶을 살면서 많은 모험을 하게 된다. 나찰들의 왕인 라바나의 여동생이 라마에게 반하여 구애하다가 거절당하자 라바나는 나찰들의 부대를 이끌고 라마를 공격하지만 실패했다.

그러자 라바나는 라마와 락슈나마가 사냥을 나간 사이에 씨따를 납치하여 자신의 왕국인 랑카로 데려갔다. 그는 씨따의 사랑을 얻으려고 온갖 회유와 협박을 하지만 씨따는 완강히 거절했다. 씨따가 겪게 되는 파란만장한 삶과 라마가 아내를 되찾기 위해 싸우는 전투가 《라마야나》의 최대의 서사시적 주제이다. 라마는 원숭이 왕 쑤그리바의 왕위계승을 돕고 그의 도움을 받아 씨따를 찾아 나섰다. 남부로 간 원숭이들의 대장 하누만은 독수리의 도움으로 씨따가 랑카로 잡혀간 사실을 알고 바다를 건너 라바나의 궁전에 잠입하여 씨따에게 라마의 전갈을 전했다. 그리고 라마와 락슈만과 하누만이 이끄는 원숭이 부대는 랑카 섬으로 쳐들어갔다. 그러나 바다를 건널 수 없자 바다에게 땅이 솟아오르도록 요청했으나 바다는 자신의 의무가 땅의 패인 곳을 채우는 것이라면서 거절하고 다샤족과 원숭이 부대가 함께 다리를 세워 건널 것을 조언했다.

하누만이 이끄는 원숭이의 부대와 나찰들의 전투 / 앙코르와트 제3화랑 서면북쪽날개

그들은 다리를 세워 랑카로 쳐들어가 치열한 전투 끝에 라바나의 군대를 무찌르고 씨따 왕비를 되찾았다. 그러나 씨따를 만난 라마가 '당신이 라바나의 곁에 있었다는 사실은 나에게 치욕적인 것이다. 내가 전투를 한 것은 당신을 사랑해서 한 것이 아니라 내 명예를 위한 것이었다.'라고 그녀의 순결을 의심하자 그녀는 자신의 순결을 맹세하고 아그니 신의 수호를 믿고 화장용장작더미에 불을 붙이고 그 속에 뛰어들었다. 그러자 불속에서 아그니 신이 나타나 씨따를 들어올려 라마에게 건네주면서 그녀의 순결을 선언했다.

초기불교에서는 사성제(四聖諦)와 관련된 부처님의 가르침을 전파하는 것을 법륜을 굴린다고 표현했다. 따라서 대승불교에서의 관세음의 수레바퀴도 다음과 같은 부처님의 기본적인 가르침인 사성제를 뜻한다고 볼 수 있다.

① 괴로움에 관한 거룩한 진리(苦聖諦) : 윤회하는 현상세계는 인과적으로 조건지어져 생성된 무상(無常)의 세계로 궁극적으로 괴롭다는 진리
② 괴로움의 발생의 거룩한 진리(集聖諦) : 괴로운 현상세계는 진리에 대한 무지와 감각적 쾌락에 대한 갈망에서 발생한다는 진리
③ 괴로움의 소멸의 거룩한 진리(滅聖諦) : 감각적인 쾌락에 대한 갈망이 소멸하면 괴로움이 소멸하여 지복의 열반을 발견한다는 진리
④ 괴로움의 소멸로 가는 길의 거룩한 진리(道聖諦) : 지복의 열반으로 가려면 단계적으로 윤리적인 삶(八正道)의 실천이라는 길이 있다는 진리

일찍이 초기경전 『쌍윳따니까야』에서 부처님은 이 사성제에 관해서 다음과 같이 선언했다.

① '이것이 괴로움의 거룩한 진리이다. 이 괴로움의 거룩한 진리는 상세히 알려져야 한다. 이 괴로움의 거룩한 진리는 상세히 알려졌다.'라고 하는, 일찍이 들어보지 못한 법에 대하여 나에게 눈이 생겨나고, 지식이 생겨나고, 지혜가 생겨나고, 밝음이 생겨나고, 빛이 생겨났다.
② '이것이 괴로움의 발생의 거룩한 진리이다. 이 괴로움의 발생의 거룩한 진리는 제거되어야 한다. 괴로움의 발생의 거룩한 진리는 제거되었다.'라고 하는, 아직 들어보지 못한 법에 대하여 나에

게 눈이 생겨나고, 지식이 생겨나고, 지혜가 생겨나고, 밝음이 생겨나고, 빛이 생겨났다.
③ '이것이 괴로움의 소멸의 거룩한 진리이다. 이 괴로움의 소멸의 거룩한 진리는 깨달아져야 한다. 이 괴로움의 소멸의 거룩한 진리는 깨달아졌다.'라고 하는, 아직 들어보지 못한 법에 대하여 나에게 눈이 생겨나고, 지식이 생겨나고, 지혜가 생겨나고, 밝음이 생겨나고, 빛이 생겨났다.
④ '이것이 괴로움의 소멸에 이르는 길의 거룩한 진리이다. 이 괴로움의 소멸에 이르는 길의 거룩한 진리는 수습되어야 한다. 이 괴로움의 소멸에 이르는 길은 수습되었다.'라고 하는, 아직 들어보지 못한 법에 대하여 나에게 눈이 생겨나고, 지식이 생겨나고, 지혜가 생겨나고, 밝음이 생겨나고, 빛이 생겨났다.

그리고 나서 부처님은 이 사성제에 관해서 이와 같이 결론지었다.

수행승들이여, 이와 같이 네 가지의 거룩한 진리에 대해 나의 앎과 봄이 세 번 굴린 열두 가지의 형태44)로 있는 그대로 알고 또한 보아서 완전히 청정해졌기 때문에, 수행승들이여, 나는 신들과 악마들과 하느님들의 세계에서, 성직자들과 수행자들, 그리고 왕들과 백성들과 그 후예들의 세계에서 위없이 바르고 원만한 깨달음을 바르게 원만히 깨달았다고 선언했다. 나에게 '나는 흔들림 없는 마음에 의한 해탈을 이루었다. 이것이 최후의 태어남이며, 이제 다시 태어남은 없다.'라는 앎과 봄이 생겨났다.

---

44) tiparivaṭṭaṁ dvādasākāraṁ : 한역으로는 삼전십이행상(三轉十二行相)이라고 한다. 위의 파라그래프 6번에서 9번까지의 인식의 형태를 말한다. ① 시전(示轉) : '이것은 괴로움이다.' 등의 네 가지 거룩한 진리를 나타내는 것, 진리에 대한 앎(saccañāṇa)이라고 한다. ② 권전(勸轉) : '괴로움은 알아야 할 것이다.' 등으로 네 가지 거룩한 진리에 대한 수행을 권하는 것, 해야 할 일에 대한 앎(kiccañāṇa)이라고 한다. ③ 증전(證轉) : '괴로움을 스스로 알았다.' 등으로 네 가지 거룩한 진리를 깨닫는 것, 한 일에 대한 앎(katañāṇa)이라고 한다.

부처님은 사성제를 알고 실천함으로써 다시는 태어나지 않는 광명의 불사의 세계에 도달했음을 보여주고 있다.

여의륜관음(如意輪觀音)의 모습은 부처님의 법의 수레바퀴를 굴려 육도중생의 고통을 없애주는 형상을 하고 있다. 그는 여섯 개의 팔을 갖고 있으며, 여의보주(如意寶珠)와 연꽃과 수레바퀴를 들고 있다.

연꽃

31. 상카 섭나녜 모다나야 사바하

śaṅkha-śabda-nibodhanāya svāhā[45]
상카 삽다 니보다나야 쓰와하
소라고동에서 소리가 울릴 때 깨어난 님을 위하여 쓰와하

'소라고동에서 소리가 울릴 때 깨어난 님'은 나패음각존(螺貝音覺尊)이라고 한다. 소라고동은 관세음의 화현인 비슈누신이 손에 지니고 있는 보물 가운데 하나이다. 소라고동은 비슈누신의 거북이 신화에서 나오는데, 신들이 윤회하는 우주기의 태초에 우유의 바다를 휘저어 만들어 낸 보물 가운데 하나이다. 소라고동은 다름 아닌 창조-유지-파괴로 상징되는 성스러운 삼박자의 우주적 진동음으로서 옴-소리로 절대신이 현상계의 경험세계에 자기 자신을 드러내는 것을 상징한다.

비슈누신은 우주기의 태초의 바다 가운데 창조적이고 생명적인 우주적 에너지를 상징하는 무한한 크기의 뱀 위에서 잠을 자고 있다가 이 소라고동 소리에 우주적 잠을 깨고 자신의 단전에서 연꽃을 피워 올려 그 위에 창조주인 브라흐마신을 나툰다.

소라고동
비슈누신이 지닌 상징물 가운데 하나이다.

---

45) śaṅkha-śabda-nibodha : 소라고동 소리에 깨어난 자
　　śaṅkha : 소라 고동 / śabdana : 소리 / nibodhanā : 깨어남

특히 초기불교에서는 소라고동은 '네 가지, 하느님들과 함께 하는 삶 또는 한량없는 마음(四梵住 = 四無量心)'에 의한 해탈을 상징한다. 즉, 한량없는 자애의 삶, 한량없는 연민의 삶, 한량없는 기쁨의 삶, 한량없는 평정의 삶을 말한다. 부처님은 『디가니까야』에서 한량없는 마음의 하느님들과 함께 하는 삶을 소라고동소리와 관련시켜 어떻게 일으킬 것인가에 대해서 다음과 같이 말했다.

① 자애의 마음으로 동쪽 방향을 가득 채우고, 자애의 마음으로 남쪽 방향을 가득 채우고, 자애의 마음으로 서쪽 방향을 가득 채우고, 자애의 마음으로 북쪽 방향을 가득 채우고, 자애의 마음으로 위와 아래와 옆과 모든 곳을 빠짐없이 가득 채워서, 광대하고 멀리 미치고 무량하게, 원한 없고 악의 없는 자애의 마음으로 일체의 세계를 가득 채운다. 자애의 마음에 의한 해탈이 이와 같이 닦여지면, 한계지어진 행위는 거기에 남지 않고 거기에 아무 것도 없게 된다. 힘센 나팔수가 사방에 어려움 없이 소라고동의 소리를 알리듯, 자애의 마음에 의한 해탈이 이와 같이 닦여지면, 한계지어진 행위는 거기에 남지 않고 거기에 아무 것도 없게 된다. 이것이 하느님들과 함께 하는 삶의 길이다.

② 자애의 마음으로 동쪽 방향을 가득 채우고, 자애의 마음으로 남쪽 방향을 가득 채우고, 자애의 마음으로 서쪽 방향을 가득 채우고, 자애의 마음으로 북쪽 방향을 가득 채우고, 자애의 마음으로 위와 아래와 옆과 모든 곳을 빠짐없이 가득 채워서, 광대하고 멀리 미치고 무량하게, 원한 없고 악의 없는 자애의 마음으로 일체의 세계를 가득 채운다. 자애의 마음에 의한 해탈이 이와 같이 닦여지면, 한계지어진 행위는 거기에 남지 않고 거기에 아무 것도 없게 된다. 힘센 나팔수가 사방에 어려움 없이 소라고동의 소리를 알리듯, 자애의 마음에 의한 해탈이 이와 같이 닦여지면, 한계지어진 행위는 거기에 남지 않

고 거기에 아무 것도 없게 된다. 이것이 하느님들과 함께 하는 삶의 길이다.

③ 자애의 마음으로 동쪽 방향을 가득 채우고, 자애의 마음으로 남쪽 방향을 가득 채우고, 자애의 마음으로 서쪽 방향을 가득 채우고, 자애의 마음으로 북쪽 방향을 가득 채우고, 자애의 마음으로 위와 아래와 옆과 모든 곳을 빠짐없이 가득 채워서, 광대하고 멀리 미치고 무량하게, 원한 없고 악의 없는 자애의 마음으로 일체의 세계를 가득 채운다. 자애의 마음에 의한 해탈이 이와 같이 닦여지면, 한계지어진 행위는 거기에 남지 않고 거기에 아무 것도 없게 된다. 힘센 나팔수가 사방에 어려움 없이 소라고동의 소리를 알리듯, 자애의 마음에 의한 해탈이 이와 같이 닦여지면, 한계지어진 행위는 거기에 남지 않고 거기에 아무 것도 없게 된다. 이것이 하느님들과 함께 하는 삶의 길이다.

④ 자애의 마음으로 동쪽 방향을 가득 채우고, 자애의 마음으로 남쪽 방향을 가득 채우고, 자애의 마음으로 서쪽 방향을 가득 채우고, 자애의 마음으로 북쪽 방향을 가득 채우고, 자애의 마음으로 위와 아래와 옆과 모든 곳을 빠짐없이 가득 채워서, 광대하고 멀리 미치고 무량하게, 원한 없고 악의 없는 자애의 마음으로 일체의 세계를 가득 채운다. 자애의 마음에 의한 해탈이 이와 같이 닦여지면, 한계지어진 행위는 거기에 남지 않고 거기에 아무 것도 없게 된다. 힘센 나팔수가 사방에 어려움 없이 소라고동의 소리를 알리듯, 자애의 마음에 의한 해탈이 이와 같이 닦여지면, 한계지어진 행위는 거기에 남지 않고 거기에 아무 것도 없게 된다. 이것이 하느님들과 함께 하는 삶의 길이다.

32. 마하 라구타 다라야 사바하

mahā-lakuṭa-dharāya svāhā[46]
마하 라꾸따 다라야 쓰와하
위대한 금강저를 지닌 님을 위하여 쓰와하

'위대한 금강저를 지닌 님'은 집 금강저존(執金剛杵尊)이라고 한다. 금강저 역시 관세음의 화현인 비슈누신이 지닌 보물 가운데 하나이다. 수레바퀴 모양의 원반 차크라와 마찬가지로 역사 이전 베다시대에는 무기였던 것이 종교적 상징물로 전화된 것이다.

금강저
비슈누신이 지닌
상징물 가운데 하
나이다

베다 문헌에는 하늘의 왕 바루나신은 비슈누신에게 악마를 쳐부수라고 천둥처럼 내리치는 금강저 까우모다끼를 선물했다는 기록이 나온다.

고대 이란 지방의 유목민들 가운데에서는 이 금강저가 사자와의 싸움에서 왕들의 무기였으며, 승리자의 상징이었다. 이것이 고대 인

---

46) mahā-lakuṭa-dharāya : mahā-lakuṭa-dhara (큰 주장자를 든 님)의 단수 여격
　　lakuṭa : 곤봉, 지팡이, 주장자
　　dhara : 지니는 (√dhṛ 유지하다, 지니다)

도의 종교에 와서는 무지의 어둠을 파괴하고, 지혜의 빛을 가져오는 상징물로 쓰였다.

부처님은 전쟁의 승리자였다. 부처님은 올바로 원만히 깨달은 님으로 바르고 원만한 깨달음을 이루었을 때, 하느님 싸함빠띠는 부처님을 전쟁의 승리자로 묘사하면서 심오한 진리를 뭇삶들에게 가르칠 것을 청원했다.

"오염된 자들이 생각해낸 부정한 가르침이 일찍이 마가다 인들에게 퍼져있으니, 불사(不死)의 문을 열어젖히소서! 그들이 듣게 하소서! 청정한 님께서 깨달은 진리를!
산꼭대기의 바위 위에 서서 사방으로 사람들을 굽어보는 것처럼, 현자여, 널리 보는 눈을 지닌 님이여, 진리로 이루어진 전당에 오르소서! 슬픔을 여읜 님께서는 슬픔에 빠지고 생사에 고통받는 뭇삶을 보소서!
일어서소서. 영웅이여, 전쟁의 승리자여, 세상을 거니소서! 카라반의 지도자여, 허물없는 님이여, 알아듣는 자가 반드시 있으리니, 세존께서 가르침을 설하여 주소서!"

33. 바마 사간타 이사 시체다 가릿나 이나야 사바하

vāma-skandha-diśa-sthita-kṛṣṇa-jināya svāhā[47]
바마 쓰깐다 디샤 쓰티따 크리슈나 지나야 쓰와하
왼쪽 어깨 쪽에 서 있는 승리의 크리슈나님을 위하여 쓰와하

'왼쪽 어깨 쪽에 서 있는 승리의 크리슈나님'은 한역에서 흑색신승존(黑色身勝尊)이라고 한다. 크리슈나신은 관세음의 화현인 비슈누신의 화신이다. 크리슈나신에 얽힌 이야기는 인도의 대서사시 ≪마하바라타≫와 그 일부인 힌두교의 최고의 성전『바가바드기타』에 상세히 언급되어 있다.

'왼쪽 어깨 쪽에 서 있는 승리의 크리슈나'란 표현은 『바가바드기타』에서 전쟁터에 나아간 아르쥬나 왕자의 마부로 변신하여 왼쪽 어깨 쪽에서 절대자로서 가르침을 전하는 크리슈나신을 말한다.

대서사시 ≪마하바라타≫에 나타난 크리슈나 신의 어린 시절과 청년 시절은 많은 측면에서 예수와 놀랄 정도로 일치하는데, 크리슈나와 악마왕 깐싸의 관계는 예수와 헤롯왕과의 관계에 비유되곤 한다.

---

[47] vāma-skandha-diśa-sthita-kṛṣṇa-jināya :
vāma-skandha-diśa-sthita-kṛṣṇa-jina의 단수 여격
vāma : 왼쪽 / skandha : 어깨 / diśa : 장소, 지점
sthita : 서 있는 (√stha의 과거수동분사) / kṛṣṇa : 크리슈나
jina : 승리하는 (√ji「승리하다」의 과거수동분사)
kṛṣṇa-jina : 크리슈나는 아르쥬나를 승리로 이끈 비슈누신의 화신이다.

33. 바마 사간타 이사 시체다 가릿나 이나야 사바하   191

크리슈나와 소치는 여인들의 윤무 인도의 대서사시 ≪마하바라타≫에 나오는 광경

 야바다족의 귀족인 바쑤데바는 모신(母神) 아디띠의 화신인데, 마투라의 왕 우그라쎄나의 조카딸 데바끼와 결혼했다. 그에게는 행실이 나쁜 아들 깐싸가 있었다. 깐싸는 왕위를 찬탈하고 아버지를 감옥에 집어넣은 뒤 백성들을 독재로 다스리고 비슈누 숭배를 금지시켰다. 최고신 비슈누의 하강의 시기가 임박해졌다.
 예언에 의하면 깐싸는 자신의 조카인 데바끼의 한 아들에 의해 살해당하게 되어 있었다. 그래서 깐싸는 데바끼의 첫 여섯 아들을 차례로 죽였다. 그러나 그 다음의 두 아들은 기적적으로 태어나서 구제되었다.
 비슈누신이 자신의 가슴에서 흰 털과 검은 털을 뽑자, 바쑤데바의 두 번째 아내 로히니가 고꿀라에서 흰 피부의 사내 아이 발라라마를 먼저 낳았다. 그 직후 데바끼는 마투라에서 검은 피부의 사내아이

크리슈나를 낳았다. 바쑤데바는 이 새로 태어난 아이들을 바구니에 넣어서 야무나강 반대편 기슭으로 떠나보냈다. 목동 난다와 그의 부인 야쇼다가 이 아이들을 발견하고 숨겨 주었다. 그런데 마침 부인 야쇼다도 딸아이를 분만하게 되었다. 왕 깐싸가 이 아이를 잡으려 하자 그 딸아이는 여신이 되어 하늘로 사라졌다. 화가 난 왕 깐싸는 마투라와 고꿀라에 있는 모든 아이들을 죽이라고 명령을 내렸다.

그러나 발라라마와 크리슈나는 난다와 야쇼다 밑에서 몰래 자랐다. 그들은 자라면서 우유, 버터, 가축떼를 훔치기도 하고 우유통을 엎지르는 등 온갖 짓궂은 장난을 하면서 자랐다.

고바르다나 산을 옮기는 크리슈나
목동과 소들을 인드라신의 홍수로부터 보호하고 있다. 인도 / 할레바드 사원.

그렇지만 목동들을 나귀, 물소, 말 등의 형상을 한 많은 악마들로부터 구해주기도 했다.

또한 목동일을 하던 젊은 시절 목녀들이 목욕할 때 옷을 빼앗아 나무 위에 감추고는 윤무(輪舞) 라스릴라 또는 라스만달라를 추기 위해 피리를 불었다. 그러나 그의 팔만사천의 연인들이 나타나 춤을 추었다. 또한 마투라에서 온 목동들이 신의 제왕인 인드라신에게 불경한 죄로 사람과 가축들이 소나기로부터 위협 당하자, 크리슈나는 칠일 동안이나 우산처럼 고바르다나 산을 들어올려 그들을 소나기로부터 보호할 수 있었다.

그러나 깐싸 왕은 어느 사이에 발라라마와 크리슈나의 기적적인 소식을 알게 되었다. 그는 여러 악마들을 동원해서 그들을 해치우고자 했으나 뜻대로 되지 않았다. 깐싸는 그들을 마투라의 한 경기장으로 유인해서 힘센 장사들과 야생 코끼리들을 동원하여 싸움을 붙여 죽이려 했으나 그 또한 실패했다. 오히려 크리슈나는 깐싸를 죽이고 우그라쎄나의 왕위를 다시 법적으로 계승했다. 몇 년후 크리슈나는 야다바족과 함께 마투라 지역을 떠났다. 그들은 구자라뜨 반도에 드와르까성을 지었다. 크리슈나는 이 도시의 왕으로 많은 적들 가운데 무엇보다도 체디의 왕 시슈빨라를 굴복시켰다.

크리슈나는 시슈빨라의 결혼식날 신부 루끄미니를 납치해서 그녀와 결혼했다. 그들 사이에 아들 쁘라디윰나가 탄생했다. 이 쁘라디윰나는 사랑의 신 까마가 다시 영원한 사랑의 신으로 환생한 것이다. 그리고 나서 크리슈나는 일만 육천 명이나 되는 다른 아내들을 자유롭게 놓아주어 힘센 장정들과 결혼시켰다.

그후 크리슈나는 친척 빤다바쓰의 친구이자 마부로 화현하여 꾸르끄셰뜨라의 전투에 참가하여 아르쥬나에게 힌두교의 최고의 성전인 『바가바드기타』를 설했다. 비슈누의 화신인 크리슈나는 전쟁에 나선 아르쥬나의 전차에 마부로서 화현하여 그의 왼쪽 어깨 쪽에 서서 종족간의 전장에서 전쟁의 공포와 친족을 죽여야하는 괴로움에 빠진 왕자 아루쥬나에게 가르침을 설한다. 그 주요한 가르침은 인간은 마부가 여러 마리의 말이 끄는 전차를 그 고삐를 당겨 몰 듯이 시각능력, 청각능력, 후각능력, 미각능력, 초각능력을 감각적인 능력을 정신적인 능력과 지성으로 단단히 제어해야한다는 것이다. 이것을 요가라고 한다.

『바가바드기타』에 나오는 요가의 가르침은 세 가지로 나눌 수 있다.

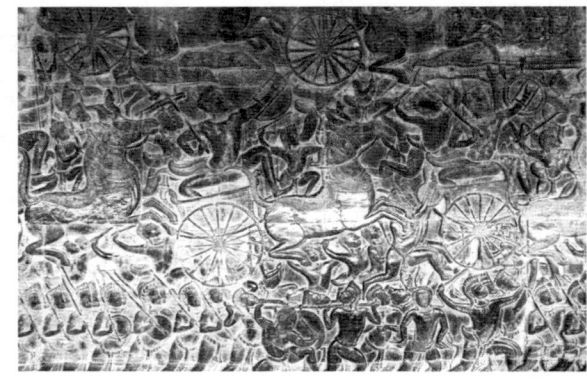
꾸르끄셰뜨라의 전투 장면 ≪마하바라타≫의 이야기 / 앙코르와트 사원 제3회랑 서면남쪽날개

① 지혜의 요가(jñanayoga)이다. 인간은 단순히 물질적인 존재가 아니라 영원불멸의 정신이다. 인간 경험의 온갖 갈등과 대립, 쾌락과 고통에도 불구하고 변화하지 않는 영원한 자아가 있다는 것이다. 불교에서는 이러한 영원한 자아를 부정하지만, 모든 고통이 소멸된 생겨나지도 않고 소멸되지도 않는 열반의 세계가 존재한다고 본다. 이것을 체험하기 위해서는 욕망을 버리고 세속적인 생활을 버리고 금욕적인 명상을 실천할 것을 강조한다.

② 행위의 요가(karmayoga)이다. 이것은 세속적인 생활을 버리지 않고 욕망없이 순수한 마음으로, 행위의 결과를 바라거나 공덕에 집착하지 않고 행위함으로서 평안과 해탈에 이를 수 있다는 것이다. 이 길은 재가자로서 사회적인 의무를 다하는 사람에게 적합한 길이다. 이로서 사회적인 의무와 출세간적인 해탈 사이의 모순이 해결될 수 있다.

③ 사랑의 요가(bhaktiyoga)이다. 여기서 사랑이란 관세음보살이자

비슈누신의 화현인 우주만물의 궁극적인 실재인 크리슈나 신을 사랑하고 찬송하고 지송하며 헌신하는 마음을 말한다. 신애를 통해 오로지 최고신을 찬양하고 그에게 헌신하면 그와 하나가 되어 최상의 구원의 길이 열리며 그와 합일한다는 것이다. 이 길은 출가자이건 재가자이건 사회적으로 누구에게나 열려져 있는 최상의 해탈의 길이다.

이 『바가바드기타』의 무대가 되는 꾸르끄셰뜨라의 처참한 학살 후에 크리슈나가 서른 여섯 살 때에 야다바족의 최후가 다가왔다. 크리슈나의 행실이 나쁜 자식 쌈바가 자신의 패거리들을 데리고 현자 나라다와 비스와미뜨라를 비난했다. 쌈바가 야다바족을 멸망시킬 것이라는 예언은 현실화되기 시작했다. 크리슈나신은 지상의 생활을 끝낼 때가 다가왔다고 생각했다. 발라라마는 자신의 입에서 커다란 셰샤 뱀이 나오자 그것을 타고 태초의 바다로 돌아갔다. 크리슈나신은 실수로 빌 족의 사냥꾼이 쏜 독화살을 발꿈치에 맞고 하늘나라로 되돌아갔다.

34. 마가라 잘마 이바사나야 사바하

vyāghra-carma-nivasanāya svāhā[48]
비아그라 짜르마 니바싸나야 쓰와하
호랑이 가죽 위에서 명상하는 님을 위하여

'호랑이가죽 위에서 명상하는 님'은 주호피상존(住虎皮上尊)이다. 관세음의 화현인 시바신을 나타낸다. 시바신은 요가 수행자의 주님으로, 호랑이 가죽 위에서 명상하는 자세를 하고 있다. 호랑이 가죽은 요가 수행자가 명상 중에 극복해야 할 감각적 쾌락에 대한 욕망이나 갈애를 상징한다.

호랑이 가죽 위의 시바신
상징물로 삼지창과 장구를 들고 있다. 고행자로서 다섯, 일곱, 또는 그 이상의 머리를 가진 시바신은 우주적인 보편성을 나타낸다.

시바신은 얼굴에 세 개의 눈을 갖고 있는데 그 눈들은 모든 것을 포괄하는 초자연적 힘과 정신성을 나타낸다. 두 개의 자연적인 눈들은 태양과 달의 현상세계와 그 대극성의 합일을 의미하며 이마의 제3의 눈은 무지를 불사르고 인식의 지평을 열어주는 지혜의 눈이다. 시바신이 손에 지니고 있는 상징물로는 사슴, 도끼, 장구, 뱀이 감겨 있는 해골지팡이, 삼지창 등이 있다.

---

48) vyāghra carma nivasanāya : vyāghra carma nivasana (호랑이 가죽 위에 앉아 있는 님)의 단수 여격
vyāghra : 호랑이 / carma : 가죽
nivasana : 머물음, 처소 (ni -√vas 살다, 앉다)

시바신의 주요 장식물
왼쪽부터 삼지창과 뱀, 도끼와 사슴, 뱀과 해골지팡이, 장구

사슴은 시바신이 모든 생명의 주님인 것을 상징한다. 시바신은 제사에서 사슴을 해방시키면서 사슴을 손으로 쳐들고 있다. 도끼는 무지(無知)의 뿌리를 부수는 도구를 뜻한다. 장구는 절대자가 현상 세계에 자신을 드러내는 것으로 성스러운 옴—소리를 상징한다. 뱀이 감겨 있는 해골 지팡이는 시바신이 삶과 죽음을 관장하는 주님임을 의미한다. 지팡이는 창조적 에너지를 상징하는 뱀과 죽음을 상징하는 해골이라는 양극성의 합일을 뜻하기 때문이다. 삼지창은 시바신이 우주적인 신임을 나타낸다. 삼지창은 요가 철학에서 우주의 근본원질을 구성하는 세 가지 원리를 나타내기 때문이다.

① 격질(激質; rajas)의 원리는 옴(OṀ; AUṀ)-소리 가운데 A음에 해당하며 우주를 창조하는 원리를 나타내며 현상세계에로의 윤회와 속박의 원인을 제공한다.

② 순질(純質; sattva)의 원리는 옴(AUṀ)-소리 가운데 U음에 해당하며 우주를 보존하는 원리를 나타내며 현상세계를 유지하고 지탱하는 원인을 제공한다.

③ 암질(暗質; tamas)의 원리는 옴(AUṀ)-소리 가운데 Ṁ에 해당하

며 현상세계를 파괴하여 변화시키는 원인을 제공한다.

한편 불교에서 호랑이 가죽 위에서 명상한다는 의미는 감각적 쾌락에 대한 욕망이나 갈애를 떠나서 평정의 경지에 이르는 네가지 선정〔四禪 : cattāro jhānāni〕에 대한 수행을 말한다.

① 첫번째 선정〔初禪 : pathama jhāna〕: 감각적 쾌락의 욕망을 떠나고 악하고 건전하지 못한 법을 떠나서 사유와 숙고를 갖추고 멀리떠남에서 생겨나는 희열과 행복을 갖춘 첫번째 선정을 성취한다.

② 두번째 선정〔二禪 : dutiya jhāna〕: 사유과 숙고를 멈춘 뒤에 내적인 평온과 마음의 통일에 도달하여, 사유를 뛰어넘고, 숙고를 뛰어넘어, 삼매에서 생겨나는 희열과 행복을 갖춘 두번째 선정에 도달한다.

③ 세번째 선정〔三禪 : tatiya jhāna〕: 희열이 사라진 뒤에 평정하고 깊이 새기고 올바로 알아채며 신체적으로 행복을 느낀다. 바로 고귀한 이들이 '평정하고 깊이 새기고 행복하다'라고 한 세번째 선정을 성취한다.

④ 네번째 선정〔四禪 : catuttha jhāna〕: 행복을 버리고 고통을 버리고 이전의 쾌락과 근심이 사라진 뒤에 행복도 없고 고통도 없는 평정하고 새김이 깊고 청정한 네번째 선정에 도달한다.

이러한 네 가지 선정은 불교에서 가장 중요한 가르침으로 요가〔yoga : 불교에 와서는 수행이라는 의미로 쓰임〕의 완성이라고 볼 수 있다. 이 명상적인 과정은 불교적 명상 가운데 힌두적인 영향을 받지 않은 부처님의 고유한 명상이기 때문이다.

35. 나모 라다나 다라야야

namo ratna-trayāya[49)]
나모 라뜨나 뜨라야야
삼보님께 귀의합니다

『신묘장구대다라니』를 마치며 삼보에 대한 귀의를 다시 맹세한다.

36. 나막 알야 바로기제 새바라야 사바하

nama ārya-avalokiteśvaraya svāhā[50)]
나마 아리야-아발로끼떼슈와라야 쓰와하
거룩한 관세음 보살님께 귀의합니다

마찬가지로 관세음보살님께 귀의를 다시 맹세한다.

---

49) namo : namas(귀의「歸依」)의 as가 유성음 앞에서 o로 변함(싼디법칙)
 ratna-trayāya : ratna-traya (삼보「三寶」)의 단수여격(ratna : 보석, traya : 세종류로 구성된 것)
50) nama : namas(귀의)가 a 이외의 모음 앞에서는 s가 탈락함
 āryāvalokiteśvarāya : āryāvalokiteśvara (성관자재보살)의 단수 여격
 ārya : 성스러운, 존경할만한 분
 avalokiteśvara : 아바로끼떼스와라(관세음보살)
 avalokita : 모든 보여진 존재의
 īśvara : (능력있는)절대자(싼디법칙에 의해 a와 ī가 합해지면 e가 됨)
 bodhisattvāya : bodhisattva [보살 : 깨달은 유정, 불과를 얻으려고 수행하는 이] 의 단수 여격

※ 범본『신묘장구대다라니』에는 아래의 진언이 더 있으나 현재 우리가 독송하고 있는 천수경에는 빠져 있다.

37. 옴 씨따안뚜

oṁ sidhyantu[51]
옴 씨디안뚜
모든 것이 성취될지이다.

38. 만뜨라 빠다야 쓰와하

mantra-padāya svāhā[52]
만뜨라 빠다야 쓰와하
진리의 말씀을 위해서 쓰와하

---

51) sidhyantu : 성취되어라(√sidh 「성취하다」 삼인칭 복수 명령형)
52) mantra-padāya : mantra-pada(진언구眞言句)의 단수 여격
   mantra : 진언(眞言), 신주(神呪), 비밀어(秘密語). 모든 성현들의 진언으로 다라니와 비슷한데 보통 만뜨라는 비교적 짧은 것을, 다라니는 긴 것을 일컫는다.
   pada : 귀절, 싯귀

덧붙이는 말

　여기까지 다 읽은 독자들은 수많은 신들의 이름들을 나열한 줄만 알았던 『신묘장구대다라니』가 단지 신들의 이름만 나열한 것이 아니라는 것을 알았을 것이다. 물론 여기에는 인도인이 지금도 믿고 있는 웅혼(雄渾)한 힌두교의 모든 신이 다 등장한다고 해도 과언은 아니다.

　여기에 등장하는 힌두교의 신들은 중생을 제도하려는 관세음의 절대자적인 의지의 활동을 구체적으로 상징한 것이다. 특히 십일면관음(十一面觀音)의 다두성(多頭性)과 천수관음(千手觀音)의 다지성(多肢性)은 힌두교에서 비스와루빠 신처럼 절대자의 전지전능한 힘을 상징한 것이다. 다두성은 신의 우주적인 정신성을 나타내고, 다지성은 초자연적인 물리적인 힘, 즉 신통력을 상징한다.

　이렇듯 인도신화와 결합된 심원한 관세음의 전능한 우주적 정신성과 초자연적인 신통력은 『신묘장구대다라니』에서 '옴'이라고 하는 빛과 파동의 성음(聖音) 속에 통합되어 있다. 관세음은 바로 이러한 성음이자 그러한 성음에 이르는 길이다. 그 길은 관세음의 화현인 여러 신들의 신화 속에 등장하는 절대자들의 행동 양식 속에 상징적으로 잘 표현되어 있다.

　우리가 『신묘장구대다라니』를 지송하면서 이 우주적인 진리의 파동과 하나가 되려면 절대자로 화현된 관세음보살, 즉 관음여래에 대한 확고한 믿음이 있어야 하며, 탐·진·치를 없애서 먼저 청정한 마음이 되어야 한다. 그렇게 되면 구고구난(求苦求難)의 관세음보살께서는 우리를 모든 고통 속에서 해방시켜 주실 것이다.

그러나 관세음보살의 가피는 모든 재난을 없애주는 데서 끝나는 것이 아니라 관세음보살의 대자비에 이르도록 우리를 인도한다.

첫째, 우리가 기원하는 모든 소원을 끝내 이루게 하여주시고,
둘째, 빛과 같은 지혜를 완성하게 하시며,
셋째, 궁극적으로 불사(不死)의 해탈을 성취하게 해주신다.

관세음의 대자비를 마음에 새기면서 이『신묘장구대다라니』를 일심으로 지송하여 바라는 바를 이루기 바란다.

부 록

1. 천수경에 나오는 진언의 범문 해석
2. 천수관음과 천수다라니 영험담
3. 千手經 (천수경)

1. 천수경에 나오는 진언의 범문 해석

〔정구업진언〕

수리 수리 마하수리 수수리 사바하

※ 어원은 명확하게 밝힐 수는 없지만, 두 가지로 해석할 수 있다.

① śrī śrī mahāśrī suśrī svāhā[53]

슈리 슈리 마하슈리 쑤슈리 쓰와하

영광되고 영광된, 위대한 영광의 님이시여, 승묘한 영광의 님이여! 쓰와하

② śuci śuci mahāśuci suśuci svāhā[54]

슈찌 슈찌 마하슈찌 쑤슈찌 쓰와하

청정하고 청정한, 위대한 청정의 님이시여, 승묘한 청정의 님이여! 쓰와하

〔오방내외안위제신진언〕

나무 사만다 못다남 옴 도로도로 지미 사바하

namaḥ samanta-budddhānām oṁ turu turu jimi svāhā[55]

나마 싸만따 붓다남 옴 뚜루 뚜루 지미 쓰와하

---

53) 영광이라고 번역한 말은 길상(吉祥)이라는 말인데, 청정하고 가장 영광스러운 상태를 의미한다. śrī : śrī(광휘로운, 영광스러운, 위덕있는, 위엄있는)의 호격이다.
mahā-śrī : (위대한 영광, 위대한 영광을 지닌 자)의 호격.
suśrī : (아주 광휘로운 님)의 호격이다.
54) 청정이라는 말은 백색의 빛을 발하는, 청정한, 순수한, 오염이 없다는 의미이다.
śuci : śuci(청정한, 정직한, 고결한)의 호격이다.
mahā-śuci : (위대한 청정의 님)의 호격 / suśuci : (아주 청정한 님)의 호격이다.
55) namaḥ : namas(귀의)의 주격. samantá : 편재하는, 보편적인, 완전한
samanta-budddhānām : (편재하는 부처님)의 복수 여격

　　두루하신 모든 부처님께 귀의하오니,

　　옴, 거룩하고 밝은 종자가 활성화되어지이다. 쓰와하

두루하신 모든 부처님께 귀의하오니,
옴, 거룩하고 밝은 종자가 활성화되어지이다. 쓰와하

〔개법장진언〕

옴 아라남 아라다
oṁ āraṇaṁ ārādha[56]
옴 아라남 아라다
옴 깊은 심연(深淵)을 현전시키소서!

〔참회진언〕

옴 살바 못자모지 사다야 사바하
oṁ sarva-buddha-bodhisattvāya svāhā[57]
옴 싸르와 붓다 보디쌋뜨와야 쓰와하
옴 모든 부처님들과 보살님들께, 쓰와하

〔정법계진언〕

옴 남
oṁ raṁ[58]
옴 람
옴 광명이여!

---

56) āraṇaṁ : āraṇa(심연 ; 深淵)의 대격.
　　ārādha : ā+√rādh(현전시키다. 숭배하다, 성취하다, 만족하다)의 이인칭 단수명령
57) sarva : 모든 / buddha : 부처님 / bodhisattva「보살」
　　sarva-buddha-bodhisattvāya : sarva-buddha-bodhisattva(모든 부처님들과 보살님들)의 복합어 단수 여격
58) raṁ : 광명이 두루한 상태를 말한다. 불의 원소(火大)를 상징하며, 밀교에서는 모든 번뇌를 태워 법계를 정화시킨다는 의미를 지닌다.

〔호신진언〕

옴 치림

oṁ ciliṁ[59]

옴 찌림

옴 깊은 관상(觀想)이여!

〔관세음보살본심미묘육자대명왕진언〕

옴 마니 반메 훔

oṁ maṇipadme hūṁ[60]

옴   마니 빠드메 훔

옴 연꽃과 보석을 지닌 님이여! 훔

〔준제진언〕

나무 사다남 삼먁 삼못다 구치남 다냐타 옴 자례 주례 준제 사바하 부림

namaḥ saptānāṁ samyak-sambuddha-koṭīnāṁ tad-yathā oṁ cale cole cundi svāhā bhūriṁ[61]

---

59) ciliṁ : 밀교에서는 깊은 삼매에서 정법의 눈이 열려 관상(觀想)에 든 것을 상징한다.
60) maṇi : 보석, padma : 연꽃
　　maṇipadme : maṇipadma(연꽃과 보석을 지닌 님)이라는 복합어의 단수 호격.
　　huṁ : 밀교에서는 번뇌를 부정하고 협소한 자아를 파괴하고 보리심을 발견하는 것을 상징한다.
　　여기서 연꽃은 지혜를 말하는데 그 지혜의 내용은 멈춤(止)과 관찰(觀)을 통해 깨닫는 것이다. 보석은 방편을 상징하는데, 방편 가운데 가장 중요한 것은 자비(慈悲)이다. 연꽃과 보석을 지닌 님은 바로 관세음의 도상학적 표현이다.
61) saptānāṁ : sapta(일곱)의 복수 여격 / samyak : 올바른
　　sambuddha : 원만히 깨달은 분 / koṭīnāṁ : koṭi(십억)의 복수 여격]
　　saptānāṁ samyak-sambuddha-koṭīnāṁ : 칠십 억의 올바로 원만히 깨달은 부처님들께 / tad-yathā : '즉, 곧'이라는 뜻의 관계사
　　cale : √cal(운행하다, 거닐다)의 이인칭 단수 원망법

나마 쌉다남 싸미약 쌈붓다 꼬띠남 따디 야따 옴 짤레 쭐레 쭌디 쓰와하 부림
칠십 억의 올바로 원만히 깨달은 부처님들께 귀의하옵니다. 옴 준제보살이여, 광대하게 운행하소서, 일어서소서. 쓰와하.

〔정삼업진언〕
옴 사바바바 수다 살바 달마 사바바바 수도함
oṁ svabhāva-śuddhāḥ sarva-dharmāḥ, svabhāva-śuddho'haṁ[62]
옴 쓰와바바 숫다 싸르와 다르마 쓰와바바 숫도함
옴 일체의 법은 자성이 청정합니다. 나 또한 자성이 청정합니다.

〔개단진언〕
옴 바아라놔로 다가다야 삼마야 바라 베사야 훔
oṁ vajrānala dhakkātayā samayā praveśaya huṁ[63]
옴 바즈라날라 닥까따야 싸마야 쁘라베사야 훔

---

cole : cul(일어나다)의 이인칭 단수 원망법
bhūriṁ : bhūri(광대함, 비슈누신의 명칭)의 단수 대격으로 부사로도 쓰임
준제관음은 과거의 무수한 부처님, 칠십 억의 올바로 원만히 깨달은 부처님들의 어머니로 불린다. 준제관음을 청해서 모든 부처님을 찬양하는 진언이다.
bhūriṁ 은 무엇을 뜻하는지 분명하지 않다. 인도신화에서는 비슈누신이나 인드라신의 다른 이름이기도 함으로 여기서는 문맥상 절대적인 주재자로서의 관세음을 말한다고 봐야 할 것이다.

62) svabhāva : 자성(自性) / śuddha : 청정한.
   svabhāva-śuddhāḥ : svabhāva-śuddha의 복수 주격
   sarva : 모든 / sarva-dharmāḥ : sarva-dharma의 복수 주격
   svabhāva-śuddho : svabhāva-śuddha의 단수 주격
   haṁ : ahaṁ(나)에서 모음충돌을 피하기 위해 a가 생략된 형태

63) vajra : 금강, 다이아몬드 / anala 「불, 감로화(甘露火)
   vajrānala : vajrānala(금강화 ; 金剛火)라는 복합어의 단수 여격. 밀교에서 금강화라 하며 모든 것을 불태워 버리는 신, 특히 분노를 불태워 소진시키는 신이다.
   ḍhakka : 큰 북 / ḍhakkātāya : ḍhakkātā(큰북의 추상명사)의 단수 속격
   samayā : '시간의 구격 / praveśaya : pra+√viś(편입하다)의 단수 이인칭 명령

옴, 금강의 불꽃과 같은 님이여! 큰 북소리 울릴 때 두루 임하소서! 훔

〔건단진언〕

옴 난다난다 나지 나지 난다바리 사바하
oṁ nandananda naṭi naṭi nandabhāri svāhā[64]
옴 난다 난다 나띠 나띠 난다바리 쓰와하
옴 환희 위에 환희하는 자여! 춤의 여신이여, 춤의 여신이여! 환희를 몰고오는 자여! 쓰와하

〔정법계진언〕

나무 사만다못다남 남
namaḥ samanta-buddhānāṁ raṁ[65]
나마 싸만따 붓다남 람
시방에 두루 계시는 일체의 부처님들에 귀의합니다. 람

---

64) nanda : 환희 / nandananda : '환희 위에 환희하는 자'의 복합어 단수 호격
   naṭi : 무희(舞姬) / nandabhāri : nandabhārin(환희를 몰고오는 자)의 단수 호격
   nandananda는 비슈누신의 다른 이름이기도 하다. 도량을 건립할 때 단을 만들면서 외우는 진언. 일체의 장애를 제거하고 기쁨이 넘치는 정토를 만들기 위한 것이다.

65) samanta : 편재하는, 보편적인, 완전한
   samanta-budddhānām : '편재하는 부처님'의 복수 여격
   raṁ : 광명이 두루한 상태. 불의 원소(火大)를 상징한다. 밀교에서 모든 번뇌를 태워 법계를 정화시킨다는 의미를 갖는다.

2. 천수관음과 천수다라니 영험담

우리 불자들에게 『관음경』은 많은 영험을 가져오는 기적의 경전으로 알려져 있다. 관세음을 노래하는 『천수경』이나 『신묘장구대다라니』도 마찬가지이다.

어떤 이들은 '나무관세음보살!' 하면 기복적인 것으로 생각하여 부처님의 원래의 가르침과는 거리가 멀다고 볼지도 모른다. 그러나 앞에서도 살펴보았듯이 이러한 경전들에는 수행을 일깨우고 독려하는 심오한 뜻이 담겨 있다. 따라서 우리가 관세음보살을 새기면서 우리 내부에 잠재한 무한한 자비심을 일깨운다면, '나무관세음보살!'이 결코 기복이 될 수 없다. 천수다라니의 핵심은 그 무한한 자비의 힘으로 불가능이 없음을 깨닫게 하고, 우리의 탐욕과 분노와 어리석음을 소멸시켜 원래의 청정한 마음을 회복시키는 것이므로 '나무관세음보살!'하고 부르는 것 자체가 기적이 된다고 볼 수 있다.

현대사회가 점점 더 복잡다단해지면서 폭발하는 지식의 파편 속에서 사람들은 부상당하고 갈 길을 잃고, 조그마한 일에도 스트레스를 받고 공포와 절망에 휩싸인다. 대부분의 사람들이 괴로움과 공포와 절망에 빠졌을 때 술이나 마약, 폭력, 죽음과 같은 것으로 도피하려고 한다. 그런데 우리가 공포와 절망 속에서 '나무관세음보살!'이라고 부를 수만 있다면 그것 자체가 기적이 아니겠는가. 게다가 우리 내부의 무한한 자비를 일깨워 마음이 편안하고 청정한 지혜로 돌아갈 수만 있다면, 그 이상의 기적은 없을 것이고 그 이상의 영험은 없을 것이다.

지금부터 소개하는 이야기들은 어쩌면 현대의 합리주의적인 생각으로는 받아들일 수 없는 옛날에나 있을 법한 영험담일 것이다.
그러나 만약 달리 방법이 없는 극도의 위기 상황이나 절망적인 상황이 닥쳐온다면 우리는 어떤 방법을 택하겠는가.

싸르트르에 의하면, 상황은 우리의 사물에 대한 마음의 해석적인 경향의 총체이다. 결국 위기 상황이나 절망적인 상황도 우리의 마음속에 있을 수밖에 없다. 이러한 상황 속에서 관세음보살의 자애와 연민을 떠올리고 새길 수만 있다면 어떠한 절망적인 상황도 극복할 수 있을 것이다.

1) 경흥국사의 질병을 치료하신 관세음

신문왕 때의 큰 스님 경흥(憬興)은 18세에 출가하여 삼장에 통달하였으므로 명성이 드높았다. 당시에 문무왕은 세상을 떠나면서 뒤를 이을 아들 신문왕에게 신신당부를 하였다.

"경흥은 국사(國師)가 될 만한 인물이니 내 말을 명심하라."

부왕의 명을 받은 신문왕은 즉위하자마자 국사로 삼고 경주 삼랑사(三郞寺)에 주석하게 했다. 그러나 한 때에 경흥 국사는 심한 질병이 들어 한달 가량을 앓아 눕게 되었다. 하루는 비구니 스님이 찾아와 화엄경에 설한 '선지식(善知識)이 병을 고쳐준다.'는 이야기를 해주며 문병을 하였다.

"지금 스님의 병환은 근심 때문에 생긴 것입니다. 웃고 즐기면 곧 나으실 수 있습니다."

그리고는 얼굴을 열 한 가지 모양으로 바꾸어 가면서 갖가지 얼굴

모양에 맞추어 춤을 추기 시작했다. 뛰고 날고 변화무쌍하게 춤을 추는 그 모습이 얼마나 우스웠던지 함께 구경하던 사람들의 턱이 빠질 지경이었다. 경흥 국사도 따라 웃다가 보니 어느 사이엔가 병이 모두 나았다. 비구니 스님은 경흥 국사가 병이 다 나아 웃고 있는 모습을 보고는 그곳을 떠나 밖으로 나가 남항사로 들어가 숨어버렸다.

사람들이 남항사까지 쫓아가 보니 그 비구니 스님은 어디론가 사라지고 다만 갖고 있던 지팡이만이 십일면관세음보살상 앞에 놓여 있었다. 그때서야 사람들이 관세음보살이 비구니 스님으로 화현하여 경흥 국사의 병을 고쳐준 것을 알게 되었다.

2) 눈을 뜨게 해준 관세음

경덕왕 때의 일이다. 한기리라는 마을에 희명(希明)이라는 여자가 살았는데, 그녀의 아이가 다섯 살 되던 해에 갑자기 눈이 멀어 아무 것도 보지 못하게 되었다. 사방에 좋다는 약을 다 써보았지만 아무 소용이 없었다.

희명은 답답한 나머지 하루는 아이를 안고 분황사(芬皇寺)를 찾아갔다. 분황사 좌전 북쪽 벽에는 천수관음보살의 모습이 그려져 있었다. 희명은 자애로운 그 모습에 감동하여 그림 앞에 무릎을 꿇고 노래를 지어 부르며 정성껏 기도했다. 얼마나 지났을까. 갑자기 옆에 있던 아이가 소리를 쳤다.

"어머니! 관세음보살님이 보여요!"

천수관음보살이 그 어머니의 정성스러운 기도에 응답하신 것이다. 그 때에 희명이 지어 부른 노래는 다음과 같았다.

"무릎 꿇어 두손 모아

천수관음께 사뢰나이다.
즈믄 손 즈믄 눈을 가졌사오니,
하나를 내어 하나를 덜어
둘 없는 내오니 하나를랑 주시옵시라.
아아 저에게 주시옵시라.
저에게 주시면 자비가 크시오리라."

이 노래를 불러 기원하여 마침내 희명의 아이는 눈을 떴다는 삼국유사의 기록은 너무도 유명한 이야기이다.

3) 아이를 보호해준 중생사의 관음보살

중생사(衆生寺)에는 일찍이 관세음보살의 탱화가 있었는데 그 앞에서 기도하고 복을 받은 사람이 한 둘이 아니었다.

신라말의 혼란스러운 시대였다. 최은함이라는 이가 있었는데 오랫동안 자식이 없어 시름이 깊었다. 그러던 중에 중생사의 관음보살이 영험이 있다는 소문을 들었다. 최은함은 그날부터 매일 관세음보살상 앞에서 간절히 기도를 드렸다. 은함의 기도가 통했는지 얼마 후부터 부인의 몸에 태기가 있더니 마침내 아들을 낳았다.

그런데, 아이가 채 백일도 지나기 전에 후백제의 견훤이 서울로 쳐들어와 성안은 온통 혼란의 도가니가 되었다. 은함은 아기를 안고 관세음보살 앞에 달려와서 사정을 고했다.

"이웃나라 군사들이 갑자기 쳐들어와서 일이 급하게 되었다. 어린 것을 데리고 있다가는 둘 다 무사할 수 없을 듯합니다. 진실로 보살님께서 주신 아이라면 이 아이를 한없는 자비로 보살펴 주시옵고 우리 부자가 살아서 다시 만날 수 있도록 도와주십시오."

은함은 눈물을 흘리면서 아이를 강보에 싸서 불상 아래에 조심스럽게 감추었다. 떨어지지 않는 발길을 돌리는데 아이의 울음소리가 들리는 듯하여 당장이라도 돌아가고 싶은 마음을 억누르며 절을 떠났다.

보름이 지나 후백제군이 물러갔다. 은함은 부랴부랴 중생사로 달려가서 불상 밑을 열어보았다. 거기에는 방금 목욕이라도 한 듯 살결이 뽀얗고 통통해진 아이가 젖내를 풍기며 방긋 웃고 있었다.

은함은 관세음 보살의 가호에 감격하여 거듭 머리를 조아리며 아이와 함께 집으로 돌아왔다. 아이는 총명해서 하나를 가르치면 둘을 알았고 생각이 깊어 학문이 날로 늘어갔다. 이 아이는 후세에 고려시대에 대학자 최승로가 되었다.

4) 효성에 감복한 관세음보살

옛날 충남 땅에 원량(元良)이라는 장님이 살고 있었다. 일찍이 상처하고 홍장이라는 딸 하나와 근근히 살고 있었다. 홍장은 어릴 때부터 효심이 지극하였다.

어느 날 원량이 길에서 한 스님을 만났는데, 홍법사 법당의 화주승인 성공(性空)이었다. 성공스님은 간밤에 꿈에 나타난 금인(金人)의 지시에 따라서 만나게 된 장님 원량에게 법당 불사의 시주가 될 것을 부탁했다. 꿈에 부처님의 분부가 있었다 하니 피할 수도 없고 해서 원량은 난감하였다. 그는 한숨을 지으며 말했다.

"나는 가난하여 먹을 양식도 넉넉하지 못하고 손바닥만한 토지도 없으므로 무엇으로 시주하겠습니까? 딸 아이가 하나 있으니 그 아이라도 데려가십시오."

집에 돌아온 원량은 딸에게 이 사실을 말하고 두 부녀는 비통해했다. 홍장은 그 때에 나이가 16세였다. 그녀는 비통한 마음을 달래기 위해 바다로 나갔다. 때마침 두 척의 호화스러운 배가 서쪽에서 와서 그녀가 앉아 있는 쪽으로 다가왔다. 그 배에서 금관을 쓰고 옥패를 찬 사자가 내리더니 홍장의 앞으로 다가와서 자세히 얼굴을 살폈다. 그 사자는 이윽고 말했다.

"나는 중국 진나라 사람입니다. 얼마 전에 저희 황후께서 별세하시자 황제는 무척 괴로워했는데, 어느 날 꿈에 신인이 나타나서 '지금 동국에 새 황후가 장성하여 전날의 황후보다 더 훌륭하니 모셔 맞도록 하라.'고 하였습니다. 황제께서 폐백과 금은진보를 내리시어 우리에게 꿈에서 가르쳐준 규수를 찾아 모셔오라고 했습니다. 당신이야말로 우리의 황후가 되실 분이 틀림없습니다."

이리하여 효녀 홍장은 중국의 사신에게서 받은 금은보화로 홍법사의 금당불사에 시주하고, 아버지의 여생을 편안하게 잘 살도록 한 다음 사자를 따라 진나라에 가서 황후가 되었다. 홍장은 황후가 된 이후에도 아버지를 위해 많은 불사를 행했다. 또한 황후 스스로 원불로서 관음존상을 조성하여 모국에 닿아서 잘 모셔지기를 바라면서 배에 실어 바다에 띄웠다. 이 돌배는 동국을 향해 떠내려가다가 낙안땅에 닿았는데, 그 곳 관원이 접근하자 쏜살같이 바다 한 가운데로 사라졌다.

이튿날 옥과현의 처녀 성덕이 마침 바닷가에 홀로 있다가 바다 저쪽에서 조그마한 배가 무엇에 끌리듯 자기 앞에 와서 닿는 것을 보고, 이상히 여겨 그 배 안으로 들어가 보니 관음존상이 하나 있었다.

경이롭게 생각하여 업고 나왔는데 그 관음존상은 무척 가벼웠다. 그 길로 성덕은 고향집으로 돌아가다 어느 산마루에 이르렀다. 성덕은 관음존상이 갑자기 무거워져서 한발자국도 옮길 수 없었다. 마침내 그곳에 절을 세우고 관음존상을 모셨기에 성덕산 관음사라고 했다. 홍장과 성덕은 모두 관음보살의 응신이었고 그 눈먼 아버지는 딸과 이별한 뒤에 별안간 눈을 뜨게 되어 광명을 되찾게 되고 아흔 다섯살까지 살았다고 한다. 이 이야기는 후세로 오면서 심청전의 원형이 되었다.

5) 천수다라니와 수월 스님의 방광

근세에 눈밝은 선지식인 수월(水月) 스님(1855~1928)은 평생 천수경과 천수 다라니를 지송하였다. 근세에 우리 나라 선종을 다시 일으킨 경허(鏡虛)스님의 제자인 수월스님은 천장암에서 출가한 이래 하루도 빠짐없이 천수경을 지송하였는데, 나중에 "나는 순전히 천수경에 달통한 사람"이라고 회고하였다.

수월 스님은 다른 선사들과는 달리 행자 때부터 하루 종일 일만 하면서 천수다라니만 외우셨는데, 이것이야말로 수월스님의 독특한 수행인 것 같았다.

수월스님의 잊혀진 발자취를 찾아내 기록한 김진태씨의 『달을 듣는 강물』에 천장암 행자시절의 다음과 같은 영험담이 전해지고 있다. 어느 날 수월스님이 밤늦게까지 천수다라니를 외우면서 방아를 찧다가 고단한 나머지 돌확 속에 머리를 박은 채 잠이 들었다. 천장암 주지 태허 스님이 때마침 밖에서 일을 보고 절에 들어오는 길에 물레방앗간 앞을 지나고 있었는데, 이상한 일을 목격했다. 물레방앗간 물이 세차게 떨어지고 있건만 웬일인지 방앗공이 소리가 전혀 들리지 않는 게 아닌가?

더욱 놀란 것은 방앗공이가 허공에 매달려 있는데 수월행자가 돌확 속에 머리를 박은 채 자고 있는 것이 아닌가? 깜짝 놀란 태허 스님이 재빨리 수월행자를 끌어내자마자 방앗공이가 다시 방아를 찧기 시작했다. 이 신기한 일을 겪고 나서 태허 스님은 수월 행자에게 사미계를 주었다. 천수다라니를 지송하여 번뇌 망상과 업장이 완전히 소멸된 수월행자 위에서 물레방아 공이조차 멈추어버린 것이다.

사미계를 받은 해에, 수월스님은 이레 동안 용맹정진을 하였는데, 이때에도 천수다라니를 끊임없이 외우셨다고 한다. 이레 째 되던 날 밤, 천장암 아랫마을 사람들은 천장암 근처에서 엄청난 불기둥이 일어나 산골짜기를 환희 밝히는 것을 목격했다. 천장암에 불이 난 줄 알고 달려온 마을 사람들은 그 불빛이 바로 수월스님의 몸에서 나온 방광임을 알고 한없는 기쁨을 맛보았다. 그 후로 수월스님은 한 번 보거나 들은 것을 결코 잊지 않는 지혜를 얻게 되었고, 일생 동안 잠을 자지 않는 지혜를 얻게 되었으며, 사람들의 병을 고쳐주는 능력이 생겼다고 한다.

스승인 경허 스님이 열반에 드신 뒤에 1912년 무렵, 수월스님은 당시 두만강을 건너 나라 잃은 조선 사람이 쫓겨가 살고 있던 북간도로 가셨다. 거기서 스님은 낮으로 소를 치며, 틈틈이 큰솥에 밥을 짓고 밤새워 짚신을 삼아, 유랑하는 동포들이 오는 길목에서 주먹밥과 짚신을 내어놓아 그들의 주린 배를 채워주고 짚신을 갈아 신게 하셨다. 스님은 늘 누더기를 입고 말없이 일을 하시며, 아픈 사람들을 치료해주고, 산이나 들에서 일하는 사람들에게 밥을 지어주었다.

이것이 평생을 일관한 스님의 수행이었다.

나라를 잃고 남의 땅에서 비참하게 살아가던 사람들의 따뜻한 의지처가 되어 주신 수월스님의 마음은 곧 대비주(大悲主) 관세음보살의 마음이었다.

6) 천수다라니 지송으로 수행을 시작한 용성스님

일제 강점하에 삼일운동을 일으킨 민족대표 33인중 한 분으로도 널리 알려진 용성(龍城)스님은 우리 나라 근대의 고승이시다.

용성스님은 선종의 법맥을 이어 종풍을 드날리셨던 대선사이지만 부처님의 경전을 한글로 번역하는데 평생을 바치셨으며, 대각교운동을 통해 불교를 대중화하는데 힘쓰신 선각자였다.

용성스님의 이와 같은 수행과 포교활동은 널리 알려져 있지만, 천수다라니 수행은 그다지 알려져 있지 않다. 열 여섯 살에 해인사에서 출가한 스님은 이듬해 의성 고운사의 수월(水月) 스님을 찾아갔다. 용성 스님은 수월스님을 뵙자, 이렇게 질문했다.

"나고 죽음은 인생의 가장 큰 일인데, 무상하고 신속하니 어떻게 해야 견성할 수 있습니까?"

그러자 수월스님이 이 질문에 대답하셨다.

"성인이 계실 때로부터 멀어져서 마(魔)는 강하고 법(法)은 약하며, 지난 세상의 업장은 무겁고 선근은 약하니 견성하기가 매우 어렵다. 그러니 삼보(三寶)께 지성으로 예배하고 대비심주(大悲心呪)을 부지런히 외우도록 하라. 그러면 자연히 업장이 소멸되어 마음의 광명이 드러날 것이다."

스님은 주색을 엄금하고 항상 깨끗이 목욕하고 옷을 갈아입고 향을 피우며 일심 정성으로 다라니를 지송하였다. 그런데 특히 네 가지 방법으로 다라니를 지송하였다. 첫째, 다라니를 소리 높여 외울 때에 그 외우는 것을 돌이켜 보고, 둘째, 입안으로 외울 때에 그 외우는 것을 돌이켜 보고, 셋째, 입과 혀를 움직이지 않고 다만 그 생각으로 다라니를 생각하더라도 그 생각하는 것을 돌이켜보고, 넷째, 다라니를 외울 때에 범어(梵語)의 옴(Om)자가 달처럼 뚜렷하고 밝은 것을 관하며 외웠다. 이 때에 마음을 비우고 고요히 관법을 행하면 자연히 마음이 청정해져서 모든 번뇌가 없어지고 마음 전체가 환하게 밝아져서 자연히 본 마음을 깨치게 된다고 용성 스님은 말씀하셨다. 이것이 바로 수행초기에 스님이 체험하신 내용이다.

이와 같은 방법으로 아홉 달 동안 천수다라니를 십만 번 외우고 나자, 홀연히 한가지 의문이 솟아올랐다.

산하대지와 삼라만상은 다 근원이 있다. 그런데 사람의 근원은 무엇인가? 보고 듣고 말하고 생각하는 것은 무엇인가? 그 근원은 어디에 있으며 어디에서 오는 것일까?

양주 보광사 도솔암에서 이러한 의문을 품고 참구한 지 엿새만에 마치 그믐밤에 불이 비추듯이 의문이 풀렸다. 이 때의 심경을 용성 스님은 이렇게 읊었다.

> 다섯 다발(五蘊)의 산속에서 소를 찾는 나그네가
> 빈방에 홀로 앉으니 바퀴하나 떠오르네
> 모났는지 둥그런지 긴지 짧은지 뉘라서 말하는가
> 한 덩이 불꽃이 온 누리를 불사르다.

그 후에 용성 스님은 무자(無字)화두를 참구하여 크게 깨우쳤으며, 후세에 종정을 지낸 동산, 고암 스님 등 뛰어난 제자들을 배출하였다.

용성스님은 신묘장구대다라니 뿐만 아니라 천수경 속의 육자대명왕진언도 지송하였는데, 이 진언을 기초로 선정을 이루었다고 한다. 그래서 그런지 용성스님은 육자진언의 수행법과 공덕을 소개한 『육자영감대명왕경』을 저술하여 육자진언을 널리 포교하기도 했다. 스님은 육자진언을 염염불망하게 외우고 역력 분명하게 생각하면 무량삼매를 얻어 자성을 깨우쳐 대각을 성취한다고 하셨다. 다라니 수행이 좋은 방편이 된다는 것을 확신하면서 그 궁극적인 목적이 깨달음에 있음을 강조하신 것이다.

용성 스님과 같은 대선사도 수행과정에서 천수다라니를 지송하여, 수행에 장애가 되는 업장을 녹이고 깨달음의 눈을 얻은 사실은, 천수다라니의 위신력을 증명해보인 것이다. 천수다라니는 흔히 알려진 것처럼 현세의 소원을 성취해주고 고난에서 구해줄 뿐만아니라, 이와 같이 수행의 깨달음에도 도움을 준다. 그래서 관세음 보살께서는 『천수천안관세음보살광대원만무애대비심대다라니경』에서 천수다라니를 지송하는 이는 '도심(道心)이 무르익으며', '정법(正法)의 깊은 뜻을 깨닫게 된다.'고 하셨다.

기도하는 이는 물론, 수행하는 이들도 장애와 어려움에 부딪쳤을 때에 천수다라니를 부지런히 지송하면 용성 스님처럼 보리심이 무르익어 깨달음의 눈이 열릴 것이다.

7) 천수다라니를 지송하여 난치병이 나은 군인

중국 당나라 때에 지익 스님은 출가하기 전에 군인이었다. 평소에 고기잡이나 사냥을 즐아했는데 하루는 흰 거북이 한 마리를 잡아 구워 먹고 온 몸에 종기가 나서 큰 고통을 받았다. 나중에는 종기가 곪아 터지고 눈썹이고 수염이고 손톱 발톱이고 할 것 없이 모두 빠져버렸다. 그는 죽고 싶어도 죽지 못해 거리에서 구걸하였다.

그러던 어느 날 한 스님이 그를 보고 가엾게 여겨 말했다.

"마음을 돌려 관세음보살님의 천수다라니를 지송해 보시오. 내가 일러줄 테니 부지런히 외우시오. 그러면 틀림없이 좋은 결과가 있을 것이오."

이 말을 듣고 그는 그 스님에게서 천수다라니를 받아 지니고 일심으로 외웠다. 그러자 그때부터 신기하게도 종기와 상처가 아물고 발톱도 다시 나았다.

병이 깨끗이 낫자 그는 머리를 깎고 스님이 되어 열심히 수행정진했다.

8) 귀신도 무서워하는 천수다라니

당나라 때에 이흔(李昕)이라는 사람이 있었다. 그는 평소에 천수다라니를 부지런히 지송하였다. 하루는 어떤 사람이 귀신이 들어 고통을 받는 것을 보고 천수다라니를 외워주었다. 그러자 귀신이 그 환자에게 말했다.

"내가 너를 혼내주려고 했는데 이씨가 무서워 간다."

그리고는 곧 그 환자를 떠나버렸다.

또 언젠가는 이흔이 집을 떠나 하남으로 놀러간 사이에 그의 누이가 염병에 걸려 죽었다. 그런데 며칠이 지나 누이가 되살아나더니 식구들에게 이렇게 말했다.

"처음에 저승사자에게 잡혀가 무덤 속으로 들어갔는데 그 가운데 한 사람이 나를 보고 '이 사람이 이흔의 누이가 아니냐? 이흔이 지금 하남에서 돌아오는데 우리가 자기 누이를 잡아간 것을 알면 틀림없이 신비한 진언인 천수다라니로 우리를 혼낼 것이다. 그러니 빨리 돌려보내는 것이 낫겠다.'고 했어요."

누이가 되살아나자 정말 이흔이 막 집에 도착했다.

9) 물을 약수로 변화시키는 진언

송나라 때에 관리 여굉(呂宏)과 그의 부인 오씨는 부부가 계율을 잘 지키고 부처님의 진리에 밝았다. 특히 부인 오씨는 관세음보살님을 경건하게 섬기고 있었는데, 매일 깨끗한 방에 물병을 수십 개 늘어놓고 물을 가득 채운 다음 버드나무 가지를 들고 진언을 외웠다.

그러면 신기하게 관세음보살님이 병 속에 빛을 놓아 주셨다. 그 병에 든 물을 병든 사람이 마시면 질병이 씻은 듯이 나았다. 그리고 그 물은 오랜 세월이 지나도 변하지 않고 아무리 추워도 얼어붙지 않았다.

그래서 세상에서는 그를 가르켜 '관음현군'이라고 불렀다. 그의 시녀 두 사람도 그와 마찬가지로 수도하는 사람들이었다. 그 가운데 한 사람은 계율을 매우 엄격하게 지켰는데 어떤 때에는 한달 내내 아무 것도 먹지 않고 오직 오씨가 진언을 외운 '관음정수'만을 하루에 한 잔 마시고 정진하였다. 그렇게 정진을 마치고 불보살님들을 친견하고 마침내 3년 후에 극락왕생하였다.

10) 천수다라니의 위력으로 위장병이 나은 스님

중국 원나라 때에 혜공(惠恭)이라는 스님이 있었다. 그 스님은 오랫동안 위장병에 걸려 음식을 먹지 못하고 있었다.

어느 날 밤에 고양이 한 마리가 뱃속으로 들어오는 꿈을 꾼 뒤로 병이 날로 심해갔다. 혜공 스님이 곰곰이 생각해보니 지난 날 고기를 즐겨먹은 업보인 것 같았다.

그래서 스님은 관세음보살 염불을 백만 번 해야겠다고 결심했다. 그리고 날마다 대비주인 『신묘장구대다라니』를 백팔 번 외웠다.

그러던 어느 날 밤에 또 꿈을 꾸었는데, 산 속에서 한 도인을 만났다. 그 도인은 혜공스님에게 이렇게 말했다.

"내가 그대에게 약을 주겠소."

그러더니 파란 옷을 입은 동자를 시켜 닭 한 마리가 들어있는 닭장을 혜공 스님에게 가져오게 했다.

그러자 스님의 입에서 고양이가 튀어나오더니 닭을 잡으려고 닭장 속으로 뛰어 들어갔다. 그 순간 깜짝 놀라 꿈에서 깨어났는데, 신기하게도 위장병이 씻은 듯 나아버렸다.

11) 자식없는 사람이 자식을 셋이나 얻은 사연

중국 명나라 때에 도철(道徹)이라는 사람이 나이 서른이 되도록 자식이 없었다. 그래서 아내를 두 사람 두었지만 모두 얼굴이 못생겨 사람들이 비웃었다.

어느 날 도철은 친척집에 갔다가 그 집의 한 하녀를 보았는데, 나이가 꽤 들어 보이는데도 머리를 올리지 않고 있었다. 이상하게 생각되어 주인에게 물어보니, 나이가 먹도록 말을 하지 못해서 혼인을 올려주지 못했다고 했다.
 도철을 그녀를 가엾게 여겨서 주인에게 말했다.
 "내가 저 여인을 아내로 맞이하여 머리를 올려주고 싶소."
 주인이 못미더워하자 도철을 각서를 써주며 약속을 했다. 그리고 이듬 해에 정말로 그 여인을 맞아들였다.
 도철의 아버지 문정공은 이 소식을 듣고 기뻐하며 말했다.
 "이 번에 내 아들의 행동은 진실로 천도에 부합되는 행동이니 반드시 대를 이을 자식이 생길 것이다."
 아니나 다를까 얼마 되지 않아 아내 셋이 모두 아들을 낳았다.
 도철은 평소에 관세음 보살의 천수다라니를 지송하여 살생하지 않는 계율을 굳게 지켰는데, 그러한 공덕과 자비심으로 이러한 영험을 얻게된 것이다.

12) 관세음보살의 자비로 일어선 앉은뱅이

 중국 명나라 때에 당도현(當塗懸)이라는 지방에 사는 산동 출신의 한 앉은뱅이가 있었다. 그는 발 대신 손으로 길거리를 걸어다니며, 밥을 구걸하였다. 그러나 사람들이 몹시 싫어하여 그를 보면 욕을 하고, 손가락질을 하기가 일쑤였다. 그러면 자기를 손가락질하는 사람들에게 욕을 퍼붓곤 했다.
 그러던 어느 날 당교암이라는 암자에서 수행 잘하는 스님이 있다는 말을 듣고 기어기어 찾아갔다. 그 스님은 수곡(水谷) 스님이라는 분이었다. 앉은뱅이는 수곡 스님에게 빌어먹기도 힘든 자기 신세를 하소연했다.
 "자네가 지금이라도 마음을 내서 출가하여 자비로운 불보살님의 큰 위신력에 의지한다면, 자네에게도 항상 베풀어주는 사람이 있을 것일세."

　앉은뱅이는 이 말을 듣고 머리를 깎고 계를 받았다. 그 뒤로는 스님의 가르침에 따라, 걸식을 하더라도 더러운 냄새를 풍기거나 피고름을 흘리지 않고 깨끗한 몸가짐을 하였다. 또, 걸식을 하다가 욕을 먹고 손가락질을 받더라도 평안한 마음으로 참고 견디었다.

　수곡 스님은 늘 그에게 관세음보살의 명호를 염불하라고 가르쳐주고 준제진언도 가르쳐주었다. 앉은뱅이 스님은 자나깨나 관세음보살을 외우며 준제진언도 부지런히 외었다. 그렇게 2년이 넘게 지송하던 어느 날 밤, 꿈에 한 할머니가 나타나 그를 부르더니 이렇게 말했다.

　"일어나라. 일어나."

　"저는 앉은뱅이인데 어떻게 일어납니까?"

　그러자 그 할머니가 손으로 그의 두 다리를 만져주었다. 그러자 다리가 쭉 펴지는 것이었다. 이튿날 잠에서 깨어보니 다리가 쭉 펴져 있었다. 벌떡 일어나 스님은 환희심으로 벅차 관세음보살에게 예배를 드렸다. 그 뒤로는 사람들이 이 스님을 받들며 공양을 올리게 되었으니 수곡 스님의 수기가 들어맞은 것이다.

　"옳지 못한 일을 위해서 외우거나 지성으로 외우지 않는 경우를 제외하고, 누구든지 이 다라니를 외우면 현재의 삶 속에서 구하는 모든 것을 다 이루게 될 것이다."라고 하신 관세음보살의 말씀대로 이 모두가 관세음보살의 자비로운 원력이 담긴 다라니를 지송한 공덕이 아니겠는가?

3. 千手經 (천수경)

淨口業眞言　　　　　입으로 지은업
정구업진언　　　　　깨끗이 하오니

수리 수리 마하수리 수수리 사바하66) (3번)

五方內外安慰諸神眞言　오방의 모든신들
오방내외안위제신진언　평안히 하옵나니

나무 사만다 못다남 옴 도로도로지미 사바하67) (3번)

開經偈　　　　　가르침을
개경게　　　　　펼치오니

無上甚深微妙法　가장높고 깊고깊은
무상심심미묘법　깊고묘한 부처님법

百千萬劫難遭遇　백천만겁 지나도록
백천만겁난조우　만나뵙기 어려워라

我今聞見得受持　저는이제 다행히도
아금문견득수지　보고듣고 지니오니

---

66) 두 가지로 해석이 가능하다. ① 영광되고 영광된, 위대한 영광의 님이시여, 승묘한 영광의 님이여! 쓰와하 ② 청정하고 청정한, 위대한 청정의 님이시여, 승묘한 청정의 님이여! 쓰와하
67) 두루하신 모든 부처님께 귀의하오니, 옴 제도하시고 제도하소서. 승리하도다. 쓰와하

願解如來眞實義　　　원하건대 부처님의
원해여래진실의　　　진실한뜻 알아지다

開法藏眞言　　　　가르침의 곳간
개법장진언　　　　열어 제끼오니

옴 아라남 아라다68) (3번)

千手千眼觀自在菩薩　　　　　　　　천수천안관세음보살님
천수천안관자재보살　　　　　　　　광대하시사 원만하신
廣大圓滿無碍大悲心大陀羅尼啓請　　대자대비의 다라니를
광대원만무애대비심대다라니계청　　열어간절히 청하오니

稽首觀音大悲呪　　관음보살 대비주께
계수관음대비주　　머리숙여 예합니다

願力弘深相好身　　그원력이 위대하사
원력홍심상호신　　상호또한 거룩하고

千臂莊嚴普護持　　고뇌속에 빠진중생
천비장엄보호지　　일천팔로 거두시며

千眼光明便觀照　　일천눈의 광명으로
천안광명변관조　　온세상을 살피시네

眞實語中宣密語　　참된말씀 그가운데
진실어중선밀어　　비밀한뜻 보이시고

---

68) 옴 깊은 심연(深淵)을 현전시키소서!

無爲心內起悲心	조건없는 그맘속에
무위심내기비심	자비심이 넘칩니다
速令滿足諸希求	저희들의 온갖소원
속령만족제희구	어서빨리 이루옵고
永使滅除諸罪業	모든죄업 남김없이
영사멸제제죄업	깨끗하게 씻어지다
天龍衆聖同慈護	천룡팔부 화엄성중
천룡중성동자호	자비로써 보살피사
百千三昧頓薰修	백천가지 온갖삼매
백천삼매돈훈수	한꺼번에 깨쳐지다
受持身是光明幢	받아지닌 저희몸은
수지신시광명당	큰광명의 깃발이고
受持心是神通藏	받아지닌 저희마음
수지심시신통장	신비로운 곳간되어
洗滌塵勞願濟海	세상티끌 씻어내고
세척진로원제해	고통바다 어서건너
超證菩提方便門	깨달음법 방편의문
초증보리방편문	속히얻게 하옵소서
我今稱誦誓歸依	제가지금 대비주를
아금칭송서귀의	읽고외워 귀의하니
所願從心悉圓滿	뜻하는일 마음대로
소원종심실원만	원만하게 하사이다

南無大悲觀世音　　　　대자자비 관세음께
나무대비관세음　　　　지성귀의 하옵나니
願我速知一切法　　　　이세상의 일체의법
원아속지일체법　　　　어서빨리 알아지다
南無大悲觀世音　　　　대자자비 관세음께
나무대비관세음　　　　지성귀의 하옵나니
願我早得智慧眼　　　　부처님의 지혜의눈
원아조득지혜안　　　　어서빨리 얻어지다
南無大悲觀世音　　　　대자자비 관세음께
나무대비관세음　　　　지성귀의 하옵나니
願我速度一切衆　　　　한량없는 모든중생
원아속도일체중　　　　어서빨리 건져지다
南無大悲觀世音　　　　대자자비 관세음께
나무대비관세음　　　　지성귀의 하옵나니
願我早得善方便　　　　팔만사천 좋은방편
원아조득선방편　　　　어서빨리 얻어지다
南無大悲觀世音　　　　대자자비 관세음께
나무대비관세음　　　　지성귀의 하옵나니
願我速乘般若船　　　　고해건널 지혜의배
원아속승반야선　　　　어서빨리 올라지다
南無大悲觀世音　　　　대자자비 관세음께
나무대비관세음　　　　지성귀의 하옵나니

願我早得越苦海	생로병사 고해의길
원아조득월고해	어서빨리 건너지다
南無大悲觀世音	대자자비 관세음께
나무대비관세음	지성귀의 하옵나니
願我速得戒足道	계행선정 올바른길
원아속득계족도	어서빨리 이뤄지다
南無大悲觀世音	대자자비 관세음께
나무대비관세음	지성귀의 하옵나니
願我早登圓寂山	고액여읜 열반산에
원아조등원적산	어서빨리 올라지다
南無大悲觀世音	대자자비 관세음께
나무대비관세음	지성귀의 하옵나니
願我速會無爲舍	함이없는 진리의집
원아속회무위사	빨리들게 하여지다
南無大悲觀世音	대자자비 관세음께
나무대비관세음	지성귀의 하옵나니
願我早同法性身	법성진리 나타낸몸
원아조동법성신	어서빨리 이뤄지다
我若向刀山 刀山自摧折	칼산지옥 내가가면
아약향도산 도산자최절	칼산절로 무너지고
我若向火湯 火湯自枯渴	화탕지옥 내가가면
아약향화탕 화탕자고갈	화탕절로 말라지며

| 我若向地獄 地獄自消滅 | 모든지옥 내가가면 |
| 아약향지옥 지옥자소멸 | 지옥절로 없어지다 |

我若向餓鬼 餓鬼自飽滿　　아귀세계 내가가면
아약향아귀 아귀자포만　　아귀절로 배부르고

我若向修羅 惡心自調伏　　수라세계 내가가면
아약향수라 악심자조복　　악심절로 항복되며

我若向蓄生 自得大智慧　　짐승세계 내가가면
아약향축생 자득대지혜　　슬기절로 생겨지다

南無觀世音菩薩摩訶薩　　관세음보살 마하살께
나무관세음보살마하살　　지성귀의 하옵니다

南無大勢至菩薩摩訶薩　　대세지보살 마하살께
나무대세지보살마하살　　지성귀의 하옵니다

南無千手菩薩摩訶薩　　천수보살 마하살께
나무천수보살마하살　　지성귀의 하옵니다

南無如意輪菩薩摩訶薩　　여의륜보살 마하살
나무여의륜보살마하살　　지성귀의 하옵니다

南無大輪菩薩摩訶薩　　대륜보살 마하살께
나무대륜보살마하살　　지성귀의 하옵니다

南無觀自在菩薩摩訶薩　　관자재보살 마하살께
나무관자재보살마하살　　지성귀의 하옵니다

南無正趣菩薩摩訶薩　　정취보살 마하살께
나무정취보살마하살　　지성귀의 하옵니다

南無滿月菩薩摩訶薩　　　만월보살 마하살께
나무만월보살마하살　　　지성귀의 하옵니다

南無水月菩薩摩訶薩　　　수월보살 마하살께
나무수월보살마하살　　　지성귀의 하옵니다

南無軍茶利菩薩摩訶薩　　군다리보살 마하살께
나무군다리보살마하살　　지성귀의 하옵니다

南無十一面菩薩摩訶薩　　십일면보살 마하살께
나무십일면보살마하살　　지성귀의 하옵니다

南無諸大菩薩摩訶薩　　　모든보살 마하살께
나무제대보살마하살　　　지성귀의 하옵니다

南無本師阿彌陀佛　　　　본사 아미타 부처님께
나무본사아미타불　　　　귀의합니다(3번)

神妙章句大陀羅尼　　　　신묘한 관세음의
신묘장구대다라니　　　　마음을 새기오니

나모 라다나 다라야야 나막 알약 바로기제새바라야 모지사다바야 마하사다바야 마하가로니가야 옴 살바 바예수 다라나 가라야 다사명 나막 까리다바 이맘 알야 바로기제 새바라다바 니라간타 나막 하리나야 마발다이사미 살발타 사다남 수반 아예염 살바 보다남 바바말야 미수다감 다냐타 옴 아로계 아로가마지 로가지가란제 혜혜 하례 마하 모지사다바 사마라 사마라 하리나야 구로 구로 갈마 사다야 사다야 도로 도로 미연제 마하미연제 다라 다라 다린나례새바라 자라 자라 마라 미마라 아마라 몰제 예혜혜 로계새바라 라아 미사미 나사야 나베사 미사미 나사야 모하자라 미사미 나사야 호로 호로 마라 호로 하례 바나마 나바 사라사라 시리시리 소로소로 못자 못자 모다야 모다야 매다리야 니라간타 가마사 날사남 바라하라나야 마낙 사바하 싯다야 사바하 마하 싯다야 사바하 싯다 유예새바라야 사바하 니라간타야 사바하 바라하 목카 싱하 목카야 사바하 바나마 하따야 사바하 자가라 욕다야 사바하 샹카섭나네 모다나야 사바하 마하 라구타다라야 사바하 바마 사간타 이사 시체다 가릿나 이나야 사바하 마가라 잘마 이바사나야 사바하

나모 라다나 다라야야 나막 알야바로기제 새바라야 사바하(3번)[69]

---

[69] 삼보님께 귀의합니다. 거룩한 관세음보살님께 귀의합니다. 위대한 존재이신 대비의 주님께, 모든 공포에서 피난처를 베푸시는 님께, 님에게 귀의하고 나서, 이 관세음을 찬탄하여 목에 푸른 빛을 띤, 그 마음을 노래합니다. 모든 요익을 성취하게 하고, 아름답고, 견줄 수 없는 그 마음을, 모든 뭇삶들의 윤회의 길을 청정하게 하는 그 마음을! 그것은 다음과 같습니다. 옴~ 빛이여! 지혜의 빛을 지닌 님이여! 세상을 뛰어넘은 님이시여! 오! 오! 님이시여! 위대한 깨달음의 존재이시여! 마음을 새기고 또 새기소서! 일하고 또 일하시고, 이루어 주시고 또 이루어 주소서! 승리하고 승리하소서. 승리의 님이시여! 위대한 승리의 님이시여! 수호하고 수호하소서, 번개를 수호하는 주님이시여! 운행하고 운행하소서. 티끌 속에서 티끌을 떠난 님이시여! 청정해탈의 님이시여! 오소서, 오소서. 세계의 주님이시여! 탐욕의 독을 없애 주소서! 분노의 독을 없애 주소서! 어리석음으로 얽힌 독을 없애 주소서! 아아! 님이시여! 오오! 주님이시여! 단전에서 연꽃이 피어나는 님이시여! 물은 흐르고 또 흐르니, 깨달음으로 깨달음으로, 깨닫고 또 깨닫게 하소서! 목에 푸른 빛을 띤 자비의 님이시여! 감각적 쾌락의 욕망을 부숴버린 쁘라흘라다의 마음을 위하여! 쓰와하. 성취자를 위해서! 쓰와하. 위대한 성취자를 위해서! 쓰와하. 성취자인 요가의 주님을 위해서! 쓰와하. 목에 푸른 빛을 띠운 님을 위하여! 쓰와하. 멧돼지 형상의 님과 사자 형상의 님을 위하여! 쓰와하. 손에 연꽃을 든 님을 위하여! 쓰와하. 보륜를 사용하는 님을 위하여! 쓰와하. 소라고동에서 소리가 울릴 때 깨어난 님을 위하여! 쓰와하. 위대한 금강저를 지닌 님을 위하여! 쓰와하. 왼쪽 어깨 쪽에 서 있는 승리의 크리슈나님을 위하여! 쓰와하. 호랑이 가죽 위에서 명상하는 님을 위하여! 삼보님께 귀의합니다. 거룩한 관세음보살님께 귀의합니다.

四方讚   사방의 청정을
사방찬   찬탄하오니

一灑東方潔道場   첫째동방 물을뿌려
일쇄동방결도량   이도량을 맑게하고

二灑南方得淸凉   둘째남방 물을뿌려
이쇄남방득청량   청량함을 얻게하고

三灑西方俱淨土   셋째서방 물을뿌려
삼쇄서방구정토   불국정토 이룩하고

四灑北方永安康   넷째북방 물을뿌려
사쇄북방영안강   영원토록 평안얻네

道場讚   도량의 청정을
도량찬   찬탄하오니

道場淸淨無瑕穢   온도량이 깨끗하여
도량청정무하예   더러운것 없사오니

三寶天龍降此地   삼보님과 호법천룡
삼보천룡강차지   이도량에 내리소서

我今持誦妙眞言   제가지금 묘한진언
아금지송묘진언   받아지녀 외우오니

願賜慈悲密加護   대자비로 거두시어
원사자비밀가호   굽어살펴 주옵소서

懺悔偈   참회의 노래를
참회게   부르오니

我昔所造諸惡業   아득히면 옛날부터
아석소조제악업   제가지은 모든악업

皆有無始貪瞋癡   모든것이 비롯없는
개유무시탐진치   탐진치로 말미암아

從身口意之所生   몸과말과 생각으로
종신구의지소생   한량없이 지었으니

一切我今皆懺悔   저는지금 모든죄업
일체아금개참회   진정참회 하옵니다

懺除業障十二尊佛70)   열두 부처님께서 오늘
참제업장십이존불   참회를 증명하오니

南無懺除業障寶勝藏佛71)   나무참제업장보승장불
寶光王火簾照佛72)   보광왕화렴조불
一切香華自在力王佛73)   일체향화자재력왕불
百億恒河沙決定佛74)   백억항하사결정불

---

70) 참제업장십이존불(懺除業障十二尊佛)이 있는데 이들은 모두 관세음보살인 정법명여래의 화신이라고 볼 수 있다.
71) 보승장불(寶勝藏佛) : 탁월한 감추어진 진리의 보물로 중생이 남에게 진 일체의 신세와 허물을 소멸시켜주는 부처님
72) 보광왕화렴조불(寶光王火簾照佛) : 지혜의 불빛을 비추어 중생이 재물을 사치하고 낭비한 죄를 소멸하는 부처님
73) 일체향화자재력왕불(一切香華自在力王佛) : 자비의 향기를 뿌리며 중생이 저지른 크고 작은 모든 죄업을 소멸하는 부처님

振威德佛75)	진위덕불
金綱堅强消伏壞散佛76)	금강견강소복괴산불
寶光月殿妙音尊王佛77)	보광월전묘음존왕불
歡喜藏摩尼寶積佛78)	환희장마니보적불
無盡香勝王佛79)	무진향승왕불
獅子月佛80)	사자월불
歡喜莊嚴珠王佛81)	환희장엄주왕불
帝寶幢摩尼勝光佛82)	제보당마니승광불

---

74) 백억항하사결정불(百億恒河沙決定佛) : 백억 모래알 만큼의 많은 선행을 닦아 중생이 지은 살인의 죄업마져 소멸시키는 부처님
75) 진위덕불(振威德佛) : 위덕으로 악하고 불건한 것을 항복받으면서도 중생이 일체의 음행과 욕지거리로 지은 죄를 소멸시키는 부처님
76) 금강견강소복괴산불(金綱堅强消伏壞散佛) : 금강과 같은 강한 마음으로 모든 죄업을 부수며 지옥의 죄업마져 부수는 부처님
77) 보광월전묘음존왕불(寶光月殿妙音尊王佛) : 달빛이 널리 비추듯 묘음을 전하며 중생에게 가르침의 공덕을 시어주는 부처님
78) 환희장마니보적불(歡喜藏摩尼寶積佛) : 여의주를 가지고 기쁘게 하며 중생이 성내고 분노하여 지은 죄업을 소멸하는 부처님
79) 무진향승왕불(無盡香勝王佛) : 무량한 가르침의 향기를 가지고 중생의 생사의 고통을 소멸하는 부처님
80) 사자월불(獅子月佛) : 사자처럼 위덕이 있고 달처럼 지혜로와 축생으로 태어날 중새의 죄업을 소멸하는 부처님
81) 환희장엄주왕불(歡喜莊嚴珠王佛) : 자비희사의 네가지 무량한 마음을 닦으며 중생의 살생이나 도둑질한 죄악을 소멸하는 부처님
82) 제보당마니승광불(帝寶幢摩尼勝光佛) : 임금처럼 위력있고 보석처럼 빛을 내며 중생의 탐욕의 죄악을 소멸하는 부처님

十惡懺悔　　　　　　　열가지 악업을
십악참회　　　　　　　참회하오니

殺生重罪今日懺悔　　　생명죽인　무거운죄
살생중죄금일참회　　　오늘참회　하옵니다

偸盜重罪今日懺悔　　　도둑질한　무거운죄
투도중죄금일참회　　　오늘참회　하옵니다

邪行衆罪今日懺悔　　　사음행한　무거운죄
사행중죄금일참회　　　오늘참회　하옵니다

妄語衆罪今日懺悔　　　거짓말한　무거운죄
망어중죄금일참회　　　오늘참회　하옵니다

綺語衆罪今日懺悔　　　꾸밈말한　무거운죄
기어중죄금일참회　　　오늘참회　하옵니다

兩舌衆罪今日懺悔　　　이간질한　무거운죄
양설중죄금일참회　　　오늘참회　하옵니다

惡口衆罪今日懺悔　　　험한말한　무거운죄
악구중죄금일참회　　　오늘참회　하옵니다

貪愛衆罪今日懺悔　　　탐욕심낸　무거운죄
탐애중죄금일참회　　　오늘참회　하옵니다

瞋碍衆罪今日懺悔　　　성냄지은　무거운죄
진애중죄금일참회　　　오늘참회　하옵니다

癡暗衆罪今日懺悔　　　어리석음　무거운죄
치암중죄금일참회　　　오늘참회　하옵니다

百劫積集罪　一念頓蕩盡　　백겁천겁　쌓인죄업
백겁적집죄　일념돈탕진　　한생각에　없어져서
如火焚枯草　滅盡無有餘　　마른풀을　불태운듯
여화분고초　멸진무유여　　흔적조차　없어지다
罪無自性從心起　　　　　　죄는본래　실체없어
죄무자성종심기　　　　　　마음따라　일어난것
心若滅是罪亦忘　　　　　　이마음만　없어지면
심약멸시죄역망　　　　　　죄업또한　사라지네
罪忘心滅兩俱空　　　　　　죄와마음　없어지고
죄망심멸양구공　　　　　　두가지다　텅비면은
是卽名爲眞懺悔　　　　　　이를일러　이름하여
시즉명위진참회　　　　　　진실참회　하옵니다

懺悔眞言　　　　　　　　　죄와 업장을
참회진언　　　　　　　　　참회하오니
옴 살바 못자모지 사다야 사바하[83]

准提功德聚　寂靜心常誦　　준제진언　큰공덕을
준제공덕취　적정심상송　　일념으로　늘외우면
一切諸大難　無能侵是人　　그어떠한　어려움도
일체제대난　무능침시인　　침범하지　못하리니

---

83) 옴, 모든 부처님들과 보살님들께! 쓰와하

天上及人間　受福如佛等
천상급인간　수복여불등
하늘이나　사람이나
세존같이　복받으며

遇此如意珠　定獲無等等
우차여의주　정획무등등
이여의주　만난이는
가장큰법　이루리라

南無七俱肢佛母大准提菩薩
나무칠구지불모대준제보살
칠십억 부처님의 어머니
준제보살님께 귀의합니다(3번)

淨法界眞言
정법계진언
법계를-
맑히오니

옴 람(3번)84)

護身眞言
호신진언
우리몸을
수호하오니

옴 치림(3번)85)

觀世音菩薩本心微妙
관세음보살본심미묘
六字大明王眞言
육자대명왕진언
관세음 보살님의
승묘한 마음을
여섯자 밝은 진언으로
지송하오니

옴 마니 반메 훔(3번)86)

---

84) 옴 광명이여!
85) 옴　깊은 관상(觀想)이여!
86) 옴, 연꽃과 보석을 지닌 님이여, 훔

准提眞言　　　　　　　준제보살을
준제진언　　　　　　　청하오니

나무사다남 삼먁 삼못다 구치남 다냐타 옴 자례주례 준제 사바하 부림87) (3번)

我今持誦大准提　　　제가이제　준제진언
아금지송대준제　　　지성으로　외우옵고

卽發菩提廣大願　　　크고넓은　보리심의
즉발보리광대원　　　광대서원　세우오니

願我定慧速圓明　　　선정지혜　어서빨리
원아정혜속원명　　　밝아지길　원하옵고

願我功德皆成就　　　모든공덕　원만하게
원아공덕개성취　　　성취하길　원하옵고

願我勝福遍莊嚴　　　뛰어난복　두루닦아
원아승복변장엄　　　장엄하길　원하옵고

願共衆生成佛道　　　한량없는　중생들과
원공중생성불도　　　함께성불　이뤄지다

---

87) 칠십억의 올바로 원만히 깨달은 부처님들께 귀의하옵니다. 옴 준제보살이여, 광대하게 운행하소서, 일어서소서. 쓰와하

| 如來十大發願文 | 부처님께 열가지 |
| 여래십대발원문 | 큰 서원 세우오니 |

| 願我永離三惡道 | 저는길이 삼악도를 |
| 원아영리삼악도 | 여의옵기 원하오며 |

| 願我速斷貪瞋癡 | 저는속히 탐진치를 |
| 원아속단탐진치 | 어서끊기 원하오며 |

| 願我常聞佛法僧 | 저는항상 불법승보 |
| 원아상문불법승 | 듣기만을 원하오며 |

| 願我勤修戒定慧 | 저는널리 계와정혜 |
| 원아근수계정혜 | 닦기만을 원하오며 |

| 願我恒修諸佛學 | 저는항상 부처님법 |
| 원아항수제불학 | 배우기를 원하오며 |

| 願我不退菩提心 | 저는오래 보리심이 |
| 원아불퇴보리심 | 퇴전않기 원하오며 |

| 願我決定生安養 | 저는진정 극락세계 |
| 원아결정생안양 | 왕생하기 원하오며 |

| 願我速見阿彌陀 | 저는속히 아미타불 |
| 원아속견아미타 | 만나뵙기 원하오며 |

| 願我分身遍塵刹 | 저의분신 모든세계 |
| 원아분신변진찰 | 나투기를 원하오며 |

| 願我廣度諸衆生 | 저는널리 모든중생 |
| 원아광도제중생 | 제도하기 원합니다 |

發四弘誓願 발사홍서원	네 가지 큰서원을 제가 세우오니
衆生無遍誓願度 중생무변서원도	중생들은 가없지만 맹세코- 건지리다
煩惱無盡誓願斷 번뇌무진서원단	번뇌들은 끝없지만 맹세코- 끊으리다
法門無量誓願學 법문무량서원학	법문들은 한없지만 맹세코- 배우리다
佛道無上誓願成 불도무상서원성	불도들은 위없지만 맹세코- 이루리다
自性衆生誓願度 자성중생서원도	내마음속 모든중생 맹세코- 건지리다
自性煩惱誓願斷 자성번뇌서원단	내마음속 모든번뇌 맹세코- 끊으리다
自性法門誓願學 자성법문서원학	내마음속 모든법문 맹세코- 배우리다
自性佛道誓願成 자성불도서원성	내마음속 모든불도 맹세코- 이루리다

| 發願已 歸命禮三寶 | 모든발원 마치옵고 |
| 발원이 귀명례삼보 | 삼보님께 귀의하니 |

| 南無常住十方佛 | 시방세계 항상계신 |
| 나무상주시방불 | 부처님께 귀의합니다 |

| 南無常住十方法 | 시방세계 항상있는 |
| 나무상주시방법 | 법보님께 귀의합니다 |

| 南無常住十方僧 | 시방세계 항상계신 |
| 나무상주시방승 | 승보님께 귀의합니다(3번) |

※공양을 올릴 때에는 다음의 네 가지 진언을 추가한다.

| 淨三業眞言 | 몸과 말과 뜻으로 |
| 정삼업진언 | 지은 업을 맑히오니 |

옴 사바바바 수다 살바 달마 사바바바 수도함88)

| 開壇眞言 | 법단을 |
| 개단진언 | 열어 펼치오니 |

옴 바아라놔로 다가다야 삼마야 바라 베사야 훔89)

---

88) 옴, 일체의 법은 자성이 청정합니다. 나 또한 자성이 청정합니다.
89) 옴, 금강의 불꽃과 같은 님이여! 큰 북소리 울릴 때, 두루 임하소서. 훔

建壇眞言　　　　　　　법단을
건단진언　　　　　　　세우오니

옴 난다난다 나지 나지 난다바리 사바하90)

淨法界眞言　　　　　　법계를
정법계진언　　　　　　맑히오니

羅子色鮮白 空點以嚴之91)　라자의빛　선명한데
라자색선백 공점이엄지　　둥근점이　장엄이라

如彼髻明珠 置之於頂上　　상투꽂이　구슬처럼
여피계명주 치지어정상　　머리위에　점찍으니

眞言同法界 無量重罪除　　진언법계　하나되어
진언동법계 무량중죄제　　무량한죄　소멸하며

一切觸穢處 當加此字門　　오탁악세　모든경계
일체촉예처 당가차자문　　이글자로　맑게하네

나무 삼만다 못다남 람92)

---

90) 옴, 환희 위에 환희하는 자여! 춤의 여신이여, 춤의 여신이여! 환희를 몰고오는 자여! 쓰와하
91) 羅子色鮮白 空點以嚴之 : 범어에서 '라'자(字)는 등(燈)의 받침대를 형상화한 것이다. 그 '라'자 위에 점을 찍으면 '람'자가 되는데, 그것은 등불을 켜는 것과 같기 때문에 '람'자의 의미가 '광명' 또는 '빛'이 된 것이다. 정법계진언의 Om ram은 '오, 광명이여!'는 뜻인데, 이 '람'자가 바로 여기에서 표현하고자 한 것이다. '람'은 광명이 두루한 상태이며, 지수화풍(地水火風) 사대(四大) 가운데 불의 원소(火大)에 해당한다. 밀교에서 정법계진언은 모든 번뇌를 태워 법계를 정화하는 의미를 갖는다.
92) 두루 계시는 일체의 부처님들에 귀의합니다. 람

참 고 문 헌

『高王觀世音千手陀羅尼經』
『觀無量壽經』,
『觀世音菩薩授記經』,
『大唐西域記』(大正藏 51)
『大方廣佛華嚴經』(大正藏 10)
『妙法蓮華經』(大正藏 9)
『無量壽經』(大正藏 12)
『無量淸淨平等覺經』(大正藏 12)
『般若心經』(大正藏 8)
『別譯雜阿含經』(大正藏 2)
『佛說自誓三昧經』(大正藏 15)
『悲華經』(大正藏 3)
『首楞嚴經』(大正藏 19)
『理趣經』(大正藏 8)
『雜阿含經』(大正藏 2)
『長阿含經』(大正藏 1)
『中阿含經』(大正藏 1)
『增一阿含經』(大正藏 2)
『千光眼觀自在菩薩秘密法經』(大正藏 20)
『千手千眼觀世音菩薩廣大圓滿無碍大悲心陀羅尼經』(大正藏 20)
『天眼天臂觀世音菩薩陀羅尼神呪經』(大正藏 20)
『華嚴經』(大正藏 9, 10)
『釋門儀範』『千手心經』『三國遺事』

『Dīgha Nikāya』 ed. by T. W. Rhys Davids & J. E. Carpenter, 3vols(London : PTS, 1890~1911) tr. by T. W. & C. A. F. Rhys Davids, 『Dialogues of the Buddha』 3vols(London : PTS, 1899~1921)

『Majjhima Nikāya』 ed. by V. Trenckner & R. Chalmers, 3vols(London : PTS, 1887~1901) tr. I.B.Homer, 『Middle Length Sayings』3vols(London : PTS, 1954~1959)

『Saṁyutta Nikāya』 ed. by L. Feer, 6vols(London : PTS, 1884~1904) tr. by C. A. F. Rhys Davids & F. L. Woodward, 『The Book of the Kindered Sayings』 5vols(London : PTS, 1917~1930)

『Aṅguttara Nikāya』 ed. by R. Morris & E. Hardy, 5vols(London : PTS, 1885
　~1900) tr. by F. L. Woodward & E. M. Hare, 『The Book of the Gradual
　Sayings』 5vols(London : PTS, 1932~1936)
『Thera-Therī-Gathā』 tr. by A. F. Rhys Davids, 『Psalms of the Early Buddhists』
　2vols(London : PTS, 1903~1913)
『Suttanipata』 ed. by Andersen, D. & Smith, H.(London : PTS, 1984)
『Udāna』 ed. by Steinthal, P.(London:PTS, 1982) tr. by Masefield, P.(Londo
　n : PTS, 1994)
『Dhammapada』 ed. by S. Sumangala(London : PTS, 1914)
『Itivuttaka』 ed. by E. Windish(London : PTS, 1889)
『Visuddhimagga of Buddhaghosa』 ed. by Rhcys Davids, C. A. F.(London : PTS,
　1975)
『Sāratthappakāsinī:Saṁyuttanikāyaṭṭhakathā』 ed. by Woodward,F.L.(London :
　PTS, 1977)
『Manorathapūraṇī』 ed. by M. Walleser & H. Kopp, 5vols(London : PTS, 1924
　~1926)
『Milindapañha』 ed. by V Trenckner(London : PTS, 1928) tr. by I. B. Horner,
　『Milinda's Questions』 2vols(London : PTS, 1963~1964)
『Papañcasūdanī』 ed. by J.H.Woods, D. Kosambi & I.B.Horner, 5vols(London :
　PTS, 1922~1938)
『Sumaṅgalavilāsini』 ed. by T. W. Rhys Davids, J. E. Carpenter & W. Stede,
　3vols(London : PTS, 1886~1932)
『Suttanipāta-aṭṭhakathā』 ed. by H. Smith, 2vols(London : PTS, 1916~1917)
『Upaniṣads』 ed. & tr. by S. Radhakrishnan, 『The Principal Upaniṣads』 2nd
　ed.(London : George Allen & Unwin, 1953) ; tr. by R. E. Hume, 『The Thir-
　teen Principal Upaniṣads』 2nd ed.(London:Oxford University Press, 1934)
Anneliese und Peter Keilhauer, Die Bildsprache des Hinduismus, die indische
　Götterwelt und ihre Symbolik Dumont Buchverlag Köln
Kirfel, W., 『Die Kosmographie der Inder』(Bonn : Schroeder, 1920)
Childers, R. C., 『A Dictionary of the Pali Language』(London : 1875)
Rhys Davids, T. W. and Stede, W., 『Pali-English Dictionary』 (London : PTS,
　1921~1925)
Buddhadatta, A. P., 『Concise Pāli-English Dictionary』 (Colombo : 1955)
Malalasekera, G. P., 『Dictionary of Pāli Proper Names』 vol.1, 2 (London : PTS,
　1974)

Eva Rudy Jansen, 『The Book of Buddhas』(New Delhi : New Age Books 2002)
正覺 『千手經硏究』(서울 운주사, 2001)
雲井昭善, 『巴和小辭典』(京都:法藏館, 1961)
水野弘元, 『パーリ語辭典』(東京:春秋社, 1968, 二訂版 1981)
全在星, 『빠알리語辭典』(서울 : 한국불교대학 출판부, 1994)
김형준, 『이야기 인도신화』(서울 : 청아출판사 2001)
八田幸福 『眞言事典』(東京:平河出版社, 1985)
鈴木學術財團, 『梵和大辭典』(東京:講談社, 1974, 增補改訂版 1979)
織田得能, 『佛敎大辭典』(東京:大藏出版株式會社, 1953)
耘虛龍夏, 『佛敎辭典』(서울:東國譯經院, 1961)
中村元, 『佛敎語大辭典』(東京:東京書籍, 1971)
弘法院 編輯部, 『佛敎學大辭典』(서울:弘法院, 1988)
普門寺 『觀音信仰의 聖地』(서울:寺刹文化硏究院, 1996)
李東洲監修 『高麗佛畵』(서울 : 한국의 美, 중앙일보, 2001)
Bothlingk, O. und Roth, R., 『Sanskrit-Wörterbuch』 7 Bande (St. Petersburg : Kaiserischen Akademie der Wissenschaften, 1872~1875)
Monier Williams, M., 『A Sanskrit-English Dictionary』(Oxford, 1899)
Uhlenbeck, C. C., 『Etymologisches Wörterbuch des Alt-Indischen Sprache』 (Osnabrück, 1973)
Edgerton, F., 『Buddhist Hybrid Sanskrit Grammar and Dictionary』 2vols(New Haven : Yale Univ., 1953)
V. S. Apte, 『The Practical Sanskrit-English Dictionary』(Poona : Prasad Prakshan, 1957)
Edward Conze, 〈Buddhist Wisdom Books〉 Harper Torchbooks. New York, 1958. 75-107쪽
Donald S. Lopez 『The Heart Sūtra Explained: Indian and Tibetan Commentaries』 State University of New York Press, 1988.
Nyanatiloka, 『Buddhistisches Wörterbuch』(Konstanz : Christiani Konstanz, 1989)
『Encyclopadia of Buddhism』 ed. by Malalasekera,G.P.(Ceylon:The Government of Sri Lanka, 1970~)
『Oxford Latin Dictionary』 ed. by Glare(Oxford : The Clarendon Press, 1983)
『Handbuch Philosophischer Grundbegriffe』 herausgegeben von Hermann Krings usw.(München : Kösel Verlag, 1973)
Hybrid Sanskṛt Dictionary, F. Edgerton, New Haven Yale Univ. 1953

한국빠알리성전협회
Korea Pali Text Society
Founded 1997 by Cheon, Jae Seong

한국빠알리성전협회는 빠알리성전협회의 한국대표인 전재성 박사가 빠알리성전, 즉 불교의 근본경전인 빠알리 삼장의 대장경을 우리말로 옮겨 널리 알리기 위한 목적으로, 세계빠알리성전협회 회장인 리챠드 곰브리지 박사의 승인을 맡아 1997년 설립하였습니다. 그 구체적 사업으로서 빠알리성전을 우리말로 옮기는 한편, 부처님께서 사용하신 빠알리어의 이해를 돕기 위하여, 사전, 문법서를 발간하였으며, 기타 연구서, 잡지, 팜프렛, 등을 출판하고 있습니다. 부처님의 가르침을 빠알리어에서 직접 우리말로 옮겨 보급함으로써 부처님의 가르침이 누구에게나 쉽게 다가가고, 명료하게 이해될 수 있도록 더욱 노력할 것입니다. 한국빠알리성전협회는 부처님의 가르침이 널리 퍼짐으로써, 이 세상이 지혜와 자비가 가득한 사회로 나아가게 되기를 바랍니다.

우) 03728 서울 서대문구 모래내로430. #102-102
전화 02-2631-1381, 070-7767-8437 팩스. 02-2219-3748
전자우편 kptsoc@kptsoc.org

빠알리성전협회
Pali Text Society

세계빠알리성전협회는 1881년 리스 데이비드 박사가 '빠알리성전의 연구를 촉진시키고 발전시키기 위해' 영국의 옥스포드에 만든 협회로 한 세기가 넘도록 동남아 각국에 보관되어 있는 빠알리 성전을 로마자로 표기하고, 교열 출판한 뒤에 영어로 옮기고 있습니다. 또한 사전, 색인, 문법서, 연구서, 잡지 등의 보조서적을 출판하여 부처님 말씀의 세계적인 전파에 불멸의 공헌을 하고 있습니다.

Dr. R. M. L. Gethin, Pali Text Society
73 Lime Walk Headington Oxford Ox3 7AD, England

빠알리성전간행에 힘을 보태주십시오

이 세상에 꽃비가 되어 흩날리는 모든 공덕의 근원은 역사적인 부처님께서 몸소 실천하신 자비의 한걸음 한걸음 속에 있습니다. 한국빠알리성전협회는 부처님의 가르침을 생생한 원음으로 만나고자 원하는 분들을 위하여 부처님말씀을 살아있는 오늘의 우리말로 번역 보급하고 있습니다. 불교를 알고자 하는 분이나 좀 더 깊은 수행을 원하는 분에게 우리말 빠알리대장경은 세상에 대한 앎과 봄의 지혜를 열어줄 것입니다. 한국빠알리성전협회에 내시는 후원금이나 회비 그리고 책판매수익금은 모두 빠알리성전의 우리말 번역과 출판, 보급을 위해 쓰입니다. 작은 물방울이 모여서 바다를 이루듯, 작은 정성이 모여 역경불사가 원만히 성취되도록 많은 격려와 성원을 부탁드립니다.

신한은행 313-04-195605 국민은행 752-21-0363-543
우리은행 110-319399-02-101 농 협 023-02-417420
예금주 : 전재성

명예 발간인을 초빙합니다.

빠알리성전협회에서는 경전은 기본적으로 천권 단위로 출간을 합니다. 새로 번역되는 경전의 출간뿐만 아니라 이미 역출하여 발간된 경전도 지속적으로 재간하여 가르침의 혈맥이 법계에 끊이지 않고 전파되도록 개인이나 가족단위로 기부가 이루어지고 있습니다. 한 번에 천권 단위의 경전을 출간할 때에 필요한 최소한의 출판비를 전액 기부하시는 분에게는 그 경전의 명예 발간인으로 초대되어 발간사를 헌정하는 전통을 갖고 있습니다.